AF173840

9789358725117

ٹیڑھا قلم

(مزاحیہ مضامین)

شفیقہ فرحت

© Taemeer Publications LLC

Tedha Qalam *(Humorous Essays)*

by: Shafeeqa Farhat

Edition: July '2024

Publisher :

Taemeer Publications LLC (Michigan, USA / Hyderabad, India)

ISBN 978-93-5872-511-7

9 789358 725117

© تعمیر پبلی کیشنز

کتاب	:	**ٹیڑھا قلم** (مزاحیہ مضامین)
مصنفہ	:	**شفیقہ فرحت**
صنف	:	طنز و مزاح
ناشر	:	تعمیر پبلی کیشنز (حیدرآباد، انڈیا)
سالِ اشاعت	:	۲۰۲۴ء
صفحات	:	۱۴۸
سرورق ڈیزائن	:	تعمیر ویب ڈیزائن

فہرست

انتساب

برصغیر ہند و پاک کے اپنے
ان تمام قارئین کے نام
جو مجھے اپنی پسندیدگی
اور پُرخلوص آراء، سے
مطلع کرتے رہتے ہیں

بعد سبکدوشی کے

لوگ جب ملازمت سے سبکدوش یعنی رٹائر ہو جاتے ہیں خواہ صدر جمہوریہ کے عہدے سے ہوں یا چپراسی کے تو انھیں فرصت ہی فرصت ہوتی ہے۔ پنشن اور مختلف فنڈس کے ساتھ ایک ''چین'' کی بنسی ملتی ہے۔ جسے وہ بجاتے رہتے ہیں۔ اب اس ''چین'' کی بنسی والی کہاوت سے یہ راز کھلتا نہیں کہ بنسی ملک چین سے درآمد کی جاتی ہے یا بذات خود چین نامی کسی دھات یا لکڑی کی ہوتی ہے یا سیدھی سادی عام قسم کی بانسری کو چین سے بیٹھ کر چین اور اطمینان کے تال سروں میں بجایا جاتا ہے۔ اس کے بجانے کی ٹریننگ لی جاتی ہے یا رٹائر ہونے کے ساتھ ہی الہامی طور پر اس فن پر عبور حاصل ہو جاتا ہے۔

خیر بانسری کی تفصیلات پر پھر کبھی غور کر لیں گے اور بات بن گئی تو ایک نیشنل انٹرنیشنل سطح کی کانفرنس منعقد کر لیں گے اور بقیہ عمر دوسرے قسم کی چین کی بنسی اور اونچے سروں میں بجائیں گے۔

فی الحال تو صرف چین اطمینان سے واسطہ اور تعلق رکھیں

ہاں تو رٹائرمنٹ کے بعد ساری مصروفیات ایک دم ختم کرنے کو کچھ کچھ ہوتا ہی نہیں تو جلد باز قسم کے لوگ کوئی نہ کوئی ملازمت تلاش کر کے اپنے گلے میں اپنے ہی ہاتھوں پھندا ڈال لیتے ہیں (بعضوں کو ہم نے اس پھندے کو کھینچتے بھی دیکھا ہے......!) اور صاحب علم و ادب کاغذ و قلم سنبھال کے یادداشتیں لکھنا شروع کر دیتے ہیں۔ اور ملازمت کے تجربات بیان کرتے ہیں جو ساری دنیا میں

تہلکہ اور ہنگامہ مچا دیتے ہیں۔

ملازمت ہماری نہایت غیر اہم تھی۔ لہٰذا تجربات بھی بے رنگ بے روح۔ لیکن رٹائرمنٹ کے بعد جو نئے پہلو سامنے آرہے ہیں اور جو نئے گوشے کھل رہے ہیں اور جس شدت سے مصروفیات میں اضافہ ہوتا جارہا ہے اسے دیکھتے ہوئے ہم نے طے کیا کہ پڑھنے والوں کو بھی ہم اپنی رٹائرمنٹ والی دنیا میں شامل کرلیں، کہ ایک نہ ایک دن تو آپ کو بھی رٹائر ہونا ہی ہے۔ ویسے اگر آپ اس لکھے کو پڑھ رہے ہیں تو اس کا مطلب ہی یہ ہے کہ آپ بھی رٹائر ہو چکے ہیں۔ کہ آج کی دنیا میں کام دھندے سے لگے آدمی کے پاس اخبار کی سرخی تک دیکھنے کا وقت نہیں۔ اپنی اس ضرورت کو چلتے پھرتے دیگر مصروفیات و مشغولیات کے ساتھ ٹی۔ وی یا ریڈیو کے ذریعہ پوری کرلیتا ہے۔

ہمارے ایک ہمدرد نے ذرا جھجکتے جھجکتے ہم سے پوچھا......."آج کل آپ کیا کررہی ہیں؟" ہم نے جواب دیا.........."کوئی خاص کام نہیں..."

انھوں نے لہجے میں کچھ اور ہمدردی گھول کے کہا....." پھر تو وقت مشکل سے کٹتا ہوگا...."

"ارے نہیں.....ہم تو پہلے سے بھی زیادہ مصروف ہو گئے۔ کاٹنے کے لئے

"وقت ڈھونڈے ڈھونڈے نہیں ملتا"

اس کو وہ ہماری ادا اور عادت سمجھ کے خاموش ہو گئے۔ لیکن خود اپنی عادت سے مجبور ہو کر دوسرا سوال داغ دیا۔

"گذر بسر بھی ذرا تنگی ترشی سے ہوتی ہوگی...."

"تو یہ لیجئے۔ تنخواہ سے زیادہ ٹھاٹ ہیں......" ہم نے ان کی ساری مایوسیوں پہ پانی پھیر دیا۔

"ہاں ہاں کیوں نہیں۔ وہ جی۔ پی۔ ایف (GPF) وغیرہ انٹریسٹ اچھا خاصا مل جاتا ہوگا......" انھوں نے اپنے حسابوں ہماری آمدنی کا حساب لگانا شروع کیا۔

"حضور کیسا جی۔ پی۔ ایف اور کہاں کا سود۔ وہ تو ابھی ملا ہی نہیں...."

"پھر....؟ ان کی حیرت بے حساب اور بے اندازہ بڑھنے لگی...."

ہم نے سوچا انھیں زیادہ پریشان کرنا مناسب نہیں ہے۔ ویسے ہی دل کے مریض ہیں۔ (محاورتاً نہیں حقیقتاً....!) اوپن بارٹ سرجری ہونے والی ہے۔ کچھ ہو ہوا گیا تو دیگر لاتعداد الزامات کی طرح یہ الزام بھی ہمارے سر آئے گا۔ لہٰذا معمے کا حل معمے کے ساتھ ہی منسلک کر دینا چاہیے۔

چہک کے ہم نے کہا.......... "تنگی ونگی کیسی۔ سلامت رہیں یہ کانفرنس اور ورک شاپس..." سیدھے سادے آدمی ہیں۔ سمجھنے کے بجائے اور الجھ گئے

"کیا کوئی آل انڈیا کانفرنس اینڈ ورک شاپ ڈپارٹمنٹ کھل گیا ہے....؟

" کس منسٹر کے تحت......؟

یہاں صاحب جب کھیل کود گلی ڈنڈا، کشتی دنگا، ناچ رنگ، یاترا پدیاترا ہر چیز کے شعبے قائم کئے جا چکے ہیں تو پھر کانفرنس کا شعبہ کیوں نہیں۔ خیر ابھی نہ سہی پھر کبھی۔ بیسویں صدی میں نہ سہی اکیسویں صدی میں یہ شعبہ ضرور قائم ہوگا۔ وزیر کابینہ کے درجے سمیت۔

اکیسویں صدی پہ ہمیں یاد آیا کہ اس صدی کا تمام کاٹھ کباڑ تو اکیسویں صدی میں داخل ہو جائے گا۔ لیکن اس ماہنامے کا کیا ہوگا جس کا نام نامی اسی صدی سے منسوب ہے۔ کیا وہ چھ برس بعد دوسرا ڈیکلیریشن فارم بھرے گا۔ یا نئی صدی میں پچھلی صدی کے راگ الاپے گا۔

دیکھیے ہم پھر بہک گئے اور بھٹک گئے۔

توان ہمدرد صحت صاحب کو ہم نے اطمینان دلایا کہ فی الحال ایسا کو محکمہ قائم نہیں ہوا اور آپ اس میں کسی (Keypost) کو حاصل کرنے کے لئے دوڑ بھاگ نہ کیجئے۔ مگر ہماری اور خوشحالی کا راز پھر بھی کانفرنسیں اور ورکشاپس ہیں۔

تو حضور آپ سب کی اطلاع کے لئے بھی عرض ہے کہ موسم بہار تو سال میں ایک بار آتا ہے اور اب تو اس کے لئے بھی حالات ساز گار نہیں۔ مگر کانفرنس اور ورک شاپ موسم خزاں کی طرح سال بھر چلتی رہتی ہیں۔ آج تعلیمی کانفرنس ہے تو کل کتابیں پڑھاؤ اور بستہ بڑھاؤ ورک شاپ تو پرسوں بستہ اتارو اور کتابیں پھینک سیمینار۔ کسی دن درخت اگاؤ پر بات چیت ہے تو کسی دن جنگل بچاؤ۔ شیر پالو۔ گیدڑ بڑھاؤ کی مہم کے تحت جنگل میں منگل منایا جارہا ہے۔ کہیں بیگم بھاؤ بتارہی ہیں تو کہیں سد بھاؤ کے لاڈ دلار ہورہے ہیں۔ کہیں اہل نظر کی فکر و نظر فلسفیانہ گفتگو ہورہی ہے ۔ تو کہیں نابیناؤں کے مسائل پہ روشنی ڈالی جارہی ہے۔ (علمی ادبی اور شعری کانفرنسوں کا تو فی الحال ذکر ہی نہیں۔)

غرض یہ کہ ہزار جلوے ہیں اور منوں ٹنوں حلوے مع منڈوں کے۔ بس نظر اٹھائیے۔ ہاتھ بڑھائیے اور عقل چلائیے۔ پھر تو راوی کو چین کے علاوہ اور قسمت میں لکھنے کے لئے کوئی اور لفظ ملے گا ہی نہیں۔ کہ بھارت ورش میں سونے کی چڑیا اب بھی ہیں اور سونے کے انڈے دینے والی مرغیاں بھی ۔ یہ اور بات ہے کہ یہ چڑیا ہر کسی کے پنجرے میں اور مرغیاں ہر ڈربے میں قید نہیں ہوسکتیں۔

مگر گنگا تو ہر ایک کے لئے بہتی ہے۔ ہم تو ہاتھ دھو ہی رہے ہیں۔ آپ بھی دھوئیے جب تک اس کا پانی اس قابل رہے......!

اتنا کہا بھی ہمارے ہمدرد کے لئے کافی نہیں تھا۔ کہ اشاروں کنایوں کی عمر سے وہ آگے نکل گئے تھے۔ لہٰذا ہم نے پرچۂ امتحان کی طرح مزید تشریح کی۔

"جناب اب تو آپ سمجھ گئے ہوں گے کہ ہر ہر شعبے میں بڑی بڑی

کانفرنسیں اور لمبی لمبی شاپس ہوتی ہیں۔ رقم خطیر بھی اس خانہ حقیر میں رقم کی جاتی ہے۔ جس میں سے کچھ خرچ بھی کی جاتی ہے۔ اور کانفرنس ہال میں رونق، ہنگامے، شور وغل، آوازوں اور کبھی ختم نہ ہونے والی اور کسی نتیجے پہ نہ پہنچنے والی بحث مباحثوں کے لئے چاہئے آباد کہ ایسے موقعوں پر'' بندوں کو گنا کرتے ہیں تولا نہیں کرتے......!

(افسوس کہ کسی زمانے میں سر اٹھتے جھکتے اور گنے جاتے تھے قلم کرنے کے لئے)

تو ایسی لاتعداد کانفرنسوں کے بے گنتی دعوت نامے موصول ہوتے ہیں سروس والوں کو چھٹی نہیں ملتی اور سیاست والوں کو فرصت۔ تو خط بھیج کے زبانی اقرار نامہ کروالیا جاتا اور نیم چڑھے ہوئے یا قسمت کی ستاروں کی بلندی کا ایک سبب اور بھی ہے۔ حالات جدیدہ کے تحت عورتیں رونق محفل نہیں بلکہ ضرورت مجلس بن گئی ہیں۔ ہم ادیب بھی کہلاتے ہیں دانشور بھی سمجھے جاتے ہیں۔ اور الپ سنکھیک بھی تھری ان ون۔ مت سہل ہمیں جانو۔ والا معاملہ ہے۔ اکثر سواری کا انتظام کر دیا جاتا ہے۔ کنونشن الاؤنس ملتا ہے۔ وہ الگ۔ پھر چائے ناشتہ، کھانا۔

اب تو دنوں دن ہمارے یہاں کھانا نہیں پکتا۔ چولہا جلتا ہے تو صرف صبح اور رات کی ہنڈی کے لئے (رات کی ہنڈی کی تشریح پھر کبھی......!) یا کبھی کبھار ہونے والی دعوتوں کے لئے یہ ہمارا ابجد پرانا یعنی کرانک مرض ہے۔ ویسے ایک آدھ بے تکلف اور بے ضرورت کو تو ہم وہیں کانفرنس میں مدعو کر لیتے ہیں۔ کہ

''بھئی آج لنچ ہمارے ساتھ فلاں فلاں بلڈنگ یا فلاں فلاں ہوٹل میں لینا۔ وہ بھی خوش۔ ہم بھی خوش۔

اکثر ہم ذوق ساتھیوں سے انھیں انواع و اقسام کی کانفرنسوں میں ملاقات ہو جاتی ہے اور گفتگو بھی۔ کانفرنس کے اصل موضوع کی خبر تو سوائے کانفرنس کروانے والوں کے کسی کو نہیں پھر بتایئے پیسے ہمارے خرچ ہوں تو کس مد میں۔ پہلے اگلی تنخواہ کا انتظار تیسری چوتھی تاریخ سے شروع ہو جاتا تھا۔ اب مہینوں پنشن نکالنے کی ضرورت پیش نہیں آتی۔

ہم نے ان کی بصیرت و بصارت کے لئے کچھ نئے باب اور کھولے

''دیکھیئے جس کاغذ پہ ہم یہ مضمون لکھ رہے ہیں وہ بھی کسی کانفرنس کے تفصیلی پروگرام کا اتنا اچھا۔ اتنا دبیز اتنا چکنا ریشم کہ قلم خود بخود دوڑنے لگے۔ (دماغ کی بات ہم نہیں کر رہے کہ وہ تو کم یاب و نایاب ہے......!) اسی ایک کے سہارے کتنوں کو تیرتے پار لگتے ہم نے دیکھا ہے۔

اگر آپ اپنے آپ پر ایک ذرا سا ظلم اور کر لیں تو دو ایک کانفرنسوں کی جھلکیاں پیش کی جائیں۔ جس کانفرنس میں ہم بنیادی طور پر مدعو تھے وہ اس دن کی شہر کی سب سے اہم کانفرنس تھی جس کا افتتاح ہمارے وزیرِ اعلیٰ کے نازک ہاتھوں سے ہونے والا تھا۔ وزیرِ اعلیٰ کو گاہے گاہے اپنے رخِ تاریک کا دیدار کروا دینا۔ ان کا سلام لینا۔ ان سے ہم کلام ہونا۔ یہ نئی صدی کے نئے باب ہیں۔ سو ہم بھی پہنچے ۔ وہاں سے قیمتی فائل قلم وغیرہ وغیرہ چائے اور وائے سے فارغ ہو کر ہم ان صاحبہ کی تلاش میں نکلے جو ہماری گلی سے گذرنے والی تھیں۔ ابھی ان تک پہنچنے بھی نہ پائے تھے کہ پھر گرفتار کر لئے گئے۔ پیچھے سے آواز۔

''ارے آپ......آیئے۔ آیئے......''

''ہم تو جانے کے لئے آ رہے ہیں.....''

''جانے کے لئے تو سب ہی آتے ہیں۔ لیکن ابھی آپ کیسے جا سکتی ہیں چلئے ہال نمبر دو میں بنیادی تعلیم والی کانفرنس ہے۔ اس میں شرکت کیجئے۔''

پھر وہی دو نمبری..........

بڑی بے تعلقی سے ہم نے ان کی پیش کش ٹھکرانی چاہی.........

''دیکھیے۔اول تو تعلیم۔پھر بنیادی۔اس سے ہمارا کیا تعلق.....؟

'' ہم سے تو ہے۔''انھوں نے گھسا پٹا ٹوٹا ٹاٹا رشتہ جوڑا۔وہ ہماری کسی شاگرد کی دوست تھیں۔اور پکڑ دھکڑ کے ہمیں ہال میں لے گئیں۔اور حکم دیا۔

''دیکھیے۔آپ بولیے گا ضرور۔یعنی بحث میں حصہ لیجیے۔''

''بھئی کیسی بحث۔ہم بھڑ بھڑ ائے۔''

''وہ تو آپ کو خود سمجھ میں آجائے گا۔''اور غائب۔غالبًا گرفتاری مہم کے سلسلے میں۔

خیر پانچ سات منٹ میں اس شاک سے Recover ہو کر ہم بحث میں جوش و خروش سے حصہ لینے اور اسے آگے بڑھانے بلکہ الجھانے کے قابل ہو گئے۔ہماری آواز ہال میں دبکے بیٹھے دوسرے گروپ تک پہنچی۔ایک صاحب نے وہیں سے ہاتھ ہلا کر ہمیں دل بدلنے اور فلور کراس کرنے کا مشورہ دیا۔جسے ہم نے اپنی ناسمجھی کی بنا پر رد کر دیا۔تب وہ اٹھ کر آئے۔

''آپ ہمارے گروپ میں آجایئے.......''

''دیکھیے ہمیں ان لوگوں نے پکڑا ہے۔''وفاداری کا کچھ تھوڑا سا جذبہ اب بھی کبھی کبھی، کہیں کہیں نظر آ ہی جاتا ہے۔

''تو اب ہم پکڑ رہے ہیں۔''

قصہ مختصر ہم نے اس میں بھی زبانی شرکت کی۔دونوں طرف سے بستے کاغذ قلم اور''زادِراہ''کے لفافے بٹورے اور انھیں کی گاڑی میں شان سے واپس آگئے۔اب ہمارے پاس اتنے بیگ پورٹ فولیو۔فائل کور وغیرہ اکٹھے ہو چکے ہیں کہ ہم ان کا Clearancesale کرنے والے ہیں۔یا پھر'' بھوپال میں

کانفرنس اور سیمینار'' کے عنوان سے کسی آرٹ گیلری میں نمائش لگائیں گے ۔اور دولت کے ساتھ شہرت بھی بٹوریں گے۔

ہمارے ہمدرد کہ جن کے اب ہم ہمدرد بن چکے تھے ہماری طول طویل داستان پہ کان دھرنے کے بجائے بھاگے ہم سمجھے ہمارا حشر سیاسی نیتاؤں کا سا ہو رہا ہے ۔ ہم نے پوچھا آپ کہاں اور کیوں بھاگ رہے ہیں ۔ کہنے لگے ....''استعفیٰ دینے ....! کہ ہم بھی کانفرنسوں کے سہارے عیش کریں گے ....''

☆ ☆ ☆

تلاشی

موت کی طرح ہمارے کسی کام کا وقت مقرر نہیں۔کبھی کھانے کے وقت ناشتہ کرتے ہیں اور کبھی دن کا کھانا رات کو نصیب ہوتا ہے۔

یہ تو صاحب دن رات کا چکر ہے۔اور اپنے اپنے نصیب کی بات۔اور نصیب سب کے الگ الگ ہوتے ہیں۔

سونے جاگنے کا بھی یہی حال ہے۔اوروں کے جاگنے کے وقت سوئیں گے اور جب دنیا فراٹے سے خراٹے لے گی تو ہم یک بیک یوں اٹھ بیٹھیں گے جیسے کوئی غیبی اور الہامی الارم بج گیا ہو۔

خیر اس سونے جاگنے والے عالم کو بھی پولیس ریمانڈ میں دے کے بھول جائیں کہ ساری دنیا آج کل ایک سوتے جاگتے والی کیفیت میں مبتلا ہے۔کیا بھارت ورش کیا بوسنیائے معظمہ۔!

''خواب ہے جو کچھ کہ دیکھا''

یعنی کہ دیکھ رہے ہیں۔اور خواب تو جناب اچھے برے سبھی طرح کے ہوتے ہیں۔

خیر خواب اور ان کی تعبیریں،پھر کبھی ہم نے آپ سے پھر کبھی کے متعلق اتنے وعدے کر رکھے ہیں کہ انھیں پورا کرنے کے لئے ہمیں ایک جنم اور لینا پڑے گا۔لیکن اس جنم کے رنگ ڈھنگ کو دیکھتے ہوئے ہم اگلے جنم کے لئے قطعی

تیار نہیں ۔لیکن فکر مند یا شرمندہ ہم پھر بھی نہیں ۔کہ کسی کے وعدے پہ کب کس کو اعتبار رہا ہے۔ ہوتا تو ''خوشی سے مرنہ جاتے'' سب کے سب۔

چلئے اسی بہانے غالب کا یہ شعر آپ کے گوش گذار کردیں۔

ترے وعدے پہ جئے ہم تو یہ جان جھوٹ جانا
کہ خوشی سے مرنہ جاتے اگر اعتبار ہوتا

تو حضور ایک دن خلاف معمول ہم صبح صبح اٹھ گئے ۔ غالباً تاروں کی چھاؤں میں ۔حالانکہ چاروں طرف پھیلی ہوئی ملٹی اسٹوریز بلڈنگس نے آسمان کو چھپا دیا ہے البتہ حالات اکثر دن کو تارے دکھا یا کرتے ہیں خوش قسمتی سے ہمارا فلیٹ ذرا قبل مسیح والے دور میں شمار کیا جاتا ہے لہٰذا اس میں صرف دو ہی منزلیں ہیں۔

ہم نے سوچا جب آنکھ کھل گئی ہے (عقل کی رو سے یہ معجزہ سے کم نہیں ....!) تو اس گھڑی کی پر کیف ، رومانی ۔روحانی فضا کا نظارہ بھی کرلیں۔کہ اس کی شان میں قرآن کی آیتوں کا نزول بھی ہوا ہے۔اور nature cure کی کتابوں پہ کتابیں بھی سیاہ کی گئی ہیں ۔لہٰذا ہم چھت پہ ٹہلنے نکلے ۔پورے تام جھام اور protocol کے ساتھ کہ ہم پہلے ہی عرض کر چکے ہیں کہ حالات حاضرہ (کہ جو ایک کھٹکے اور جھٹکے میں ماضی میں بدل جاتے ہیں ....!) کے تحت ہم چلنے کے لئے سڑک کا استعمال کم سے کم کرتے ہیں۔

چھت پہ چلتے چلاتے ہم نے ذرا نظریں جھکالیں ۔کبھی گردن جھکانے پر بقول شعراء تصویر یار نظر آجایا کرتی تھی ۔لیکن آج نہ ایسے دل ہیں نا ایسے دوست اور اب تو یہ طور طریقے بھی Outdated ہو چکے ہیں ۔لہٰذا نظریں جھکانے پر ہمیں بالکل جدید اور نثری نظم کا سا غیر شعری اور کرخت منظر دکھائی دیا۔ دو پولیس والے مع خاکی وردی، چہرے کی خشونت ، ہاتھ کے ڈنڈے اور پیروں کے بوٹ کے اور ان کے مقابل ایک دبلا پتلا کالا مسکین صورت پھٹے حال ادھیڑ عمر کا سائیکل سوار گویا

شیر اور بکری ایک گھاٹ.......!

پولیس نے سائیکل روکی۔ وہ فوراً! اتر پڑا۔ خوف سے تو وہ ویسے ہی کانپ رہا تھا۔ پھر کچھ اس قسم کی گفتگو ان کے درمیان ہوئی۔ پچھلے پہر کا سناٹا تھا۔ اس لئے ہم نے لفظ بہ لفظ سن لیا۔ ورنہ کہیں سڑک جاگ جاتی تو الفاظ مردوں کی طرح سو جاتے۔

''ابے یہ آدھی رات کو کہاں جا رہا ہے''

''رات کہاں...ساب سیرا ہو رہا ہے''

''اچھا تیرے لئے سیرا ہو رہا ہے۔ سورج تو ابھی نکلا نہیں۔ ظاہر ہے حاکم حضور جب تک حکم نہ دیں سورج کی کیا مجال کہ وہ طلوع ہونے کی جسارت کرے۔''

''نئی جو ر''

''اچھا چپ۔ بول کاں جا را ہے اور کون ہے تو...'' (پولیس والوں کے دہن مبارک سے نکلی گالیاں حذف کر دی گئیں بہ طریق دوردرشن۔

''جو ر مالی ہوں۔ بنگلے جار ہا ہوں''

''ہوں...مالی ہے۔ مگر اتے سویرے؟''

گھنٹہ بھر بعد نل بند ہو جائے گا۔ اسی لئے اتے سویرے آتا ہوں۔ دو بنگلوں میں تو میں کام کر بھی آیا....!

ایک صاحب ذرا سخن فہم اور ادب نواز تھے ایک بھدا سا قہقہہ اور پیٹھ پر ایک دھپ لگا کر کہا۔

''پھر تو تو مالی گیری کے ساتھ ساتھ چوکیداری بھی کرلیا کر.....''

اس کا جواب وہ شب گزیدہ اور آب گزیدہ کیا دیتا۔ ہمارا جی چاہا کہہ دیں کہ اس طرح سے آپ کے معمولات میں کچھ تو رکاوٹ ہوگی جس کے لئے شاید آپ

کو' گھید بھی ہوتا'

دوسرے سپاہی کو ایک دم اپنی وردی، ڈنڈے، بوٹ اور پوزیشن یاد آ گئی۔ اس نے اپنے پورے وجود میں چابی دے کر ایک خاص قسم کا تناؤ پیدا کیا۔ اور دہاڑا۔

''اور یہ تھیلے میں کیا ہے۔ دکھا.....''

مارے ڈرے پہ سودرے۔ وہ دوبارہ تھر تھر سرسر کانپا اور کیریر سے تھیلا نکال کے سامان الٹ دیا۔

''حجور یہ نل کھولنے کا پانا ہے۔ یہ گھاس کاٹنے کی تلوار''

''تلوار......! ضبط کرو۔ اور لے چلو اسے تھانے، لائسنس ہے''...؟

''صاحب اس سے تو گھاس کٹتی ہے۔ اس کا لیسن کب بنتا ہے۔'' اپنی سرکاری لغت سے چن کر دو تین اعلیٰ قسم کی گالیاں اسے دیں اور پھر دہاڑا۔

''بغیر لائیسنس کے تلوار رکھتا ہے۔ نکال جرمانہ......''

''جرمانہ کیسا حجور یہ تو گھاس کاٹنے کے کام آتی ہے'' وہ گڑگڑایا

''اجی کام تو جس سے جو چاہو لے لو۔ تو تو پوری تلوار رکھے ہے۔ اس سے تو گھاس کے تنکوں کی طرح گردنیں کٹ کٹ کے گریں گی۔'' اور اس سے پہلے کہ وہ اپنے جوتوں اور ڈنڈوں سے اسے گراتے اور اس کی لاش تمغے کے طور پر لے جاتے اور اخباروں میں چھپواتے کہ ایک بھیانک آتنک وادی پولیس سے مڈبھیڑ میں مارا گیا جس کے پاس سے فلاں فلاں ہتھیار برآمد ہوئے۔ ہم نے حسب عادت اپنے اختیارات غیر خصوصی سے کام لیتے ہوئے دخل در غیر معقولات کیا۔

''چھوڑیئے اسے۔ ہم جانتے ہیں اسے۔ یہ پڑوس کے بنگلے میں مالی ہے۔''

انھوں نے اس آکا شوانی کی سمت دیکھا اور فارن وائس، سمجھ کر اسے رہا

کر دیا۔اور چلتے بنے کہ کون اپنی راہ کھوٹی کرے۔

اپنی راہ تو انھوں نے کھوٹی نہیں کی۔لیکن اب ہر راہ کھوٹی اور چھوٹی ہو رہی ہے۔اور کچھ نہیں تو تلاشی ہی سہی، گھر گھر، گلی گلی۔راستہ چلتے مزدوروں کی۔ پھیری والوں کی۔ردی سامان والے کی۔سبزی والوں کی۔چائے کی گمٹھیوں کی، موچیوں کے ڈبوں کی۔

بوٹ پالش کا اسٹینڈ ضبط، سبزی والے کا باٹ ضبط۔تربوز والے کی چھری ضبط، ردی والے کی شیشے کی خالی بوتلیں ضبط، کہ یہ سارے کے سارے وہ ہتھیار ہیں جنھیں دنگا فساد میں استعمال کیا جا سکتا ہے۔جن سے سر پھوڑے اور گردنیں کاٹی جا سکتی ہیں اور کنکر پتھر کی قسمت تو دیکھئے وہ بھی پلٹ گئی۔انھیں بھی خونی ہتھیاروں کا درجہ مل گیا۔

اور بچوں کے کھیلنے کی گولیاں بھی ان سے پیچھے نہیں۔انہیں تحویل میں اور بچوں کو حراست میں"

اور ہم اس فکر میں گھلے جا رہے ہیں کہ پولیس ہمارے گھر آئے گی تو کیا نکلے گا۔کہیں شرمندگی نہ اٹھانی پڑے...کہ

''آج ہی گھر میں.........

مگر نہیں اب ایسی بھی بے سروسامانی نہیں۔اور کچھ نہیں تو کترنی قینچی کی طرح چلتی زبان تو ہے۔تلوار کی دھار اور خنجر کی نوک سا زخمی کرتا قلم تو ہے۔تیر کی طرح دل جگر چیر کے رکھ دینے والی نگاہ تو ہے۔

ذرا رکئے حضور۔کچھ اہم گوشے تو ابھی تک چھپے ہیں۔ذرا نظر کرم ادھر بھی۔تلاشی لینی ہے تو دلوں کی تلاشی لیجئے۔دماغوں کی لیجئے۔

دلوں میں کیا کیا بھر گیا ہے۔کتنی سیاہی، کتنی نفرتیں۔کتنے شبہات، آئینے کی طرح صاف چمکتے دل زنگ آلود ہو گئے ہیں۔کون اس زنگ کو کس ریگ مال سے

گھسے گا ہم میں سے کوئی اس زنگ کو نکال نہیں پا رہا۔ یا شاید نکالنا بھی نہیں چاہتا۔ بس پردہ ڈال رہا ہے۔ اور پردے سے کب کیا چھپا ہے۔ نہ اندھیرا۔ نہ روشنی۔

اور اس تلاشی کے صدقے۔ تلاشی لینے والوں کے تو وارے نیارے ہو رہے ہیں۔ جیسا گھر در دیکھا اسی وزن کا دوسرے پلڑے میں مال رکھوالیا۔ کہ دیکھو میاں۔ اب گھر سے کچھ نہ کچھ تو ہم نکال ہی لیں گے کہ تلوں میں تیل ہو نہ ہو ہم تو رگِ سنگ سے خون بھی نچوڑ لیتے ہیں۔ تب مال تو مال جان کی سلامتی بھی نہ رہے گی۔ اب ٹھنڈے دل سے سوچ لو۔

پھر سوچ بچار کیسا ہاتھ پیر دل سمیت ویسے ٹھنڈے پڑ رہے ہیں۔ ان کی خدمت سے انکار کی جرأت کسے۔ اور اگر گھر میں نقد نہ ہو، قرض ادھار کی سبیل نہ بنے تو معاملات چاول گیہوں گھی تیل شکر۔ مرچ مسالحہ، کپڑے لتے۔ وغیرہ وغیرہ یہ طے ہو جاتا ہے کہ بارٹر سسٹم (Barter System) سامان کے بدلے سامان کا لین دین بہ اندازِ دگر اب بھی رائج ہے۔

☆☆☆

حضرت ضمیر

پتہ نہیں کیوں غالبؔ کو شکایت تھی کہ راہ میں ہم ملیں کہاں ارے صاحب راہ میں تو کیا کیا نایاب چیزیں کیسی کیسی اہم اور کم یاب شخصیتیں مل جاتی ہیں۔کرشمہ چلتے پیار اور کھلی آنکھ کا ہوتا ہے۔

تو ابھی ابھی ملے ایک خوش پوش خوبرو جن کا اسم گرامی پہلے بھی ضمیر تھا اور غالباً اب بھی۔انھیں دیکھ کر ہم بڑی بے ساختگی اور خوش دلی سے مسکرائے۔ویسے ان سے ہمارے سفارتی تعلقات اتنے زیادہ خوشگوار نہ تھے مگر وقت کی بات ہوتی ہے۔کچھ حالات اور موسم کے تقاضے بھی ہوتے ہیں ہمیں اس درجہ مسرور دیکھ کر ان پر بھی سکتہ سا طاری ہوگیا۔

ہم نے تقریباً چیخ کر کہا......!

''ضمیر صاحب۔آپ.............خیریت سے تو ہیں نا۔''

''ہاں ہاں ٹھیک ہوں۔مگر''

''وہی تو میں پوچھ رہی تھی کہ طبیعت وبیت۔''

ہماری اس کیفیت کو دیکھ کر جس میں ان کی صحت کے متعلق شک وشبہ کے عناصر زیادہ تھے وہ بوکھلا گئے۔

''ارے بھئی۔آپ ایسے کیوں پوچھ رہی ہیں۔میں ویسے ہی ہائی بلڈ پریشر اور ڈپریشن کا مریض ہوں۔

''ڈپریشن تو آپ کو ہونا ہی چاہئے۔اور مجھے حیرت ہے کہ اس ڈپریشن کے باوجود آپ.....................

وہ باقاعدہ برا مان گئے۔

''آپ کہنا کیا چاہتی ہیں........یہی کہ اس ڈپریشن کے باوجود میں زندہ کیسے ہوں...............؟''

''بالکل بالکل'' یہی تو میں عرض کر رہی ہوں۔

''دیکھئے آپ مجھے اور نروس مت کیجئے۔میری حالت بہت خراب ہے۔اکثر میرا دم گھٹنے لگتا ہے۔جیسے کوئی میرا گلا دبا رہا ہو۔تیز روشنی کے باوجود کچھ دکھائی نہیں دیتا ، بھیانک اندھیرا۔ ہر طرف سے عجیب عجیب ڈراونی آوازیں آتی ہیں۔اور میں راتوں کو اٹھ اٹھ کے چلاتا ہوں.....بچاؤ۔بچاؤ۔

خیر۔خیر گھبرانے کی کوئی بات نہیں۔اگر یہی حالات رہے تو آپ کو زیادہ دنوں تک یہ تکلیف اٹھانی نہیں پڑے گی۔''

میں نے انھیں تسلی دی۔

''کیا میرا ڈپریشن دور ہو جائے گا۔میں تندرست ہو جاؤں گا۔؟

''جی نہیں......'' بلکہ

ہو گئیں غالب بلائیں سب تمام
ایک مرگ نا گہانی اور ہے

واہ۔یہ اچھی دوستی ہے کہ آپ مجھے بری ہی موت کی خوشخبری سنا رہی ہیں۔'' وہ آپے سے باہر ہو رہے تھے ان کا بس چلتا تو ہمیں وہیں اسی وقت قتل کر دیتے۔

''اوم شانتی۔اوم شانتی۔غصہ نہ کیجئے'' ہم نے پہنچے ہوئے بزرگوں کی طرح اپدیش دیا۔

''غصہ کرنے سے بلڈ پریشر اور بڑھتا ہے۔ بات ہماری غور سے سن لیجئے۔ ملین ڈالر کا نسخہ ہے۔''

ان کے چہرے کا تناؤ کچھ کم ہوا اور آنکھوں سے نکلنے والی چنگاریوں کا ولٹیج دھیما پڑا تو ہم پھر شروع ہو گئے۔

''دیکھئے ضمیر جیسی چیز، جو پہلے بھی نایاب تھی۔ اب تو ڈھونڈے ڈھونڈے نہیں ملتی۔ آپ خواہ مخواہ اب تک ضمیر الدین بنے ہوئے ہیں۔ آپ کی وجہ سے بلکہ آپ کے نام کی وجہ سے سارا ملک خطرے میں پڑا ہے۔ جب آپ کا جنازہ دھوم دھام سے اٹھایا جا چکا ہے تو آپ بھی اپنا اسم شریف لال جی کالے بھائی پستول والا، چھرے والا قسم کا رکھ لیجئے۔ اور میرے خیال میں تو سب سے مناسب امیر الدین ہوگا۔ ضمیر الدین کا ہم قافیہ۔ برادر خورد'' وہ کب فیڈ آؤٹ ہوئے کب اسٹیج سے اترے ہمیں خبر نہیں۔ ہم تو بس اتنا جانتے ہیں کہ کیا سنتری کیا منتری کیا پردھان منتری، کیا مولوی کیا ملا کیا سادھو سنت۔ کیا استاد کیا شاگرد۔ حتیٰ کہ قابل احترام والدین اور عزیز از جان اولاد کسی کے پاس ضمیر رہا ہی نہیں۔ کسی نے یہ لفظ سنا ہی نہیں۔ اگر سنا بھی ہے تو اس کے معنی سے بے خبر ہیں۔ اور اگر انکل انداز سے معنی نکال بھی لیتے ہیں تو وہ اس کا دوسرا قتل ثابت ہوتا ہے۔ یعنی اپنی سہولت اور فائدے کے مطابق۔

کیا کچھ جھلکیاں، کچھ تصویریں ملاحظہ فرمائیں گے۔ ضرورت تو اس کی ہے نہیں کہ ہر دن ہر پل آپ کے آس پاس حضرت ضمیر الدین۔ قتل ہوتے سولی پہ لٹکتے نظر آتے ہیں۔ مگر تقریر تحریر کچھ بھی تو تصویر کے بغیر مکمل نہیں معاملات اور مسائل تصوف تک تو داستان امیر حمزہ کی طرح باتصویر پیش کئے جاتے ہیں۔ راز الٰہ آبادی بھی ضمیر الدین بھوپالی کی طرح غائب ہو چکے ہیں پھر خبر کے لئے عینی شاہد بھی تو چاہئے۔ تب۔ ہم کیوں پیچھے رہیں۔

نیچے سے اوپر چلیں یا اوپر سے نیچے آئیں۔ کسی زمانے میں خیال تھا کہ بلندی پر پہنچنا بہت مشکل ہے اور اترنا آسان۔ یہ اس زمانے کی روایت اور کہاوت ہے جب حضرتِ ضمیر زندہ تھے۔ تندرست چاق و چوبند بھی اور سب کے دوست ساتھی دم ساز بھی۔ تب محنتی، جفاکش عقل مند ایماندار، قدم قدم اپنے دم اور قدم کے بھروسے پر کبھی ہنستے مسکراتے کبھی ہانپتے کانپتے اوپر چڑھتے تھے۔ اور ذرا سی بھول چوک پر ایک دم سے نیچے۔ مگر آج کل صیغۂ راز میں رکھے جانے والے حیرت میں ڈالنے والے راستے بعضوں کے ہاتھ آگئے ہیں۔ وہ پلک جھپکتے آسمان کی بلندیوں پر اور ایک بار اوپر پہنچنے پر نیچے کی طرف دیکھتا ہی کون ہے۔ ہزار نسخے تو اپنی جگہ جمے رہنے کے ایجاد کر لئے گئے ہیں۔ تو حضور شریمان ضمیر۔ ملک میں کروڑوں اربوں کھربوں کی ہیرا پھیری ہو جائے۔ کوئی ذمہ دار نہیں۔ کسی کو غم نہیں۔ کسی کے ماتھے پر شکن نہیں۔

غلط یا ملاوٹ والی دواؤں سے ہزاروں مر جائیں۔ یہ ان کی تقدیر کہ موت کا ایک دن معین ہے۔

ہر روز ایک ریل گاڑی پٹری پر سے اتر جائے۔ دو انجن ٹکرا جائیں۔ ان گنت جانیں جائیں۔ ریل منتری استعفیٰ کی بات کرتے ہی نہیں۔ مرنے والوں کو ٹھکانے لگوا دیا۔ زخمیوں کو بوچڑ خانے سے ملتے جلتے اسپتال میں پہنچا دیا۔ اور دو رکعت نمازِ شکرانہ ادا کی یا کسی مندر میں کسی دیوی دیوتا کے آگے ہاتھ جوڑ لئے نہ دامن پہ کوئی دھبہ بچا نہ کسی مظلوم کا ہاتھ دامن پکڑنے کے لئے اٹھا۔ ٹھیک تو ہے اگر اتنے چھوٹے چھوٹے حادثوں پر یا ایسی غیر اہم باتوں پر منتری مہودے استعفیٰ دینے لگے تو اتنے منتری آئیں گے کہاں سے۔ ایک ہی پھیرے میں سب نمٹ جائیں گے۔

وزیر اعظم کے ساتھ بھی ہمیں اسی نظریہ سے انصاف کرنا چاہئے۔ اب

بھلا ان کی پارٹی کہیں ہارے۔ان کا کیا قصور۔لاکھ وہ ان کا اپنا صوبہ اپنا شہر سہی جب وہ بیچارے وہاں رہتے ہی نہیں ہیں۔تو کر ہی کیا سکتے ہیں۔اور یہ تو آپ نے سنا ہی ہوگا کہ "آنکھ اوجھل پہاڑ اوجھل"۔وہ وطن سے کیا نکلے کہ اہل وطن نے دلوں سے بھی نکال دیا۔کچھ تو مروت شرافت سے کام لینا چاہئے تھا۔سستے چاول کے لالچ میں آگئے۔اب آپ ہی بتائیے ضمیر کس کا مرا.....؟ لوگ خواہ مخواہ وزیر اعظم کے پیچھے پڑ گئے۔اوران کے ضمیر کی دہائی دینے لگے۔

سبزی والے سبزی کم تولیں، کپڑے والے کپڑا کم ناپیں۔تیل والے تیل میں پانی ملائیں (جی ہاں پہلے یہ شرف یہ اعزاز صرف دودھ والوں کو حاصل تھا......!) چاول میں کنکر پتھر مرچ میں اینٹ کا چورہ، دھنیہ میں برادہ، پھلوں میں رنگ۔گویا سب رنگ پھیکے۔ہر رنگ میں بھنگ........

گلوں میں رنگ بھرے بادِ نوبہار چلے
چلے بھی آؤ کہ گلشن کا کاروبار چلے

کاروبار تو سب کا خوب چل رہا ہے۔کار والوں کا بھی اور بتایئے کہیں بیچارہ ضمیر آپ کو زندہ نظر آرہا ہے۔انگریزی بار چلانے والوں کا بھی، اردو فارسی کے باربردار بوجھ اٹھانے والا عام آدمی اس بوجھ کے نیچے دبا جارہا ہے۔سانس تک لینے کی سکت نہیں۔اور تو اور استاد محترم اور والدہ محترمہ جو محبت اور انسانیت کے سب سے بڑے علمبردار تھے۔وہ تک تو گھپلے کرنے لگے۔استاد پڑھاتے نہیں صرف پاس کرتے ہیں۔وہ بھی بعوض خدمت نذرو نذرانہ۔اماں جان بچے کو جھولا گھر گندے پھٹے جھولے کی جھولی میں پھینک آفس کی کرسی یا اسٹول پر براجمان ہو جاتی ہیں۔

بچہ اپنے حصے کا دودھ دوسرے کے حلق میں اترتا دیکھتا ہے اور آہ بھی نہیں بھر سکتا کہ مزید بدنامی نہ ہو اور آیا صاحبہ کی مار نہ کھانی پڑے۔

خیر یہ تو ایک ایک جاندار کی کیفیت ہے اور انسان تو گنہگار ہے ہی اسے تو

توبہ تلا کے لئے ہی دنیا میں پھینکا گیا ہے۔ اور وہ توبہ کرے گا کیسے جب تک گناہ نہ کرے۔ تو اس بندۂ مجبور کی مجبوری بے کسی بے بسی تو سمجھ میں آتی ہے۔ خواہ وہ صدر الصدور ہو یا مان سیوی یعنی ڈیلی ویجیس والا۔ عرب پتی بزنس مین ہو یا پھیری والا۔ ڈاکٹر ہو یا قصائی۔ استاد ہو یا استادوں کا استاد۔ دادا ہو یا پوتا۔ لیکن عالم بالا میں بھی کچھ کم گھپلے نہیں۔ یہ عزت مآب خدا اور مانیہ بھگوان بھی غالباً نیم بیداری اور نیم خوابی کے سرور میں ڈوبے ہیں اُدھر کے ضمیر میاں بھی فٹ نہیں۔ شاید غشی طاری ہے۔ ورنہ قیامت کے آنے میں۔ پرلئے کے ہونے میں دیر ہی کتنی لگتی۔ پلک جھپکتے ہر خطا کار گنہگار کے پرخچے اڑ جاتے۔

خیر چلئے اُدھر دیر ہو جائے۔ چراندھیر نہ ہو۔

یہ نیم خوابی کی ادا ظل الٰہی (وزیر اعظم) نے غالباً اللہ سے ہی سیکھی ہے اس کا سایا جو ہوئے۔ اب سایہ تو ہوگا ہی سیاہ نور کی طرح پرنور سفید تو ہو نہیں سکتا۔

☆☆☆

فریڈم فائیٹر

ایک چکر ہے میرے پاؤں میں زنجیر نہیں عمر کی زنجیر کے باوجود پیروں میں چکر ہے۔ایک نہیں کئی۔ بیچارہ پوسٹ مین عرف گھن چکر تو مفت میں بدنام ہے گھن چکر کی طرح تو ہم گھومتے رہتے ہیں کچھ پاتے کچھ کھوتے ہوئے۔تو اس چلنے چلانے کے سلسلے میں ہمیں سفر بہت کرنا پڑتا ہے۔اگر حسبِ معمول زاویہ نگاہ ذرا سے بدل لیں یعنی ترچھا کرلیں ۔کہ ترچھی نظر کے تیر بے حد کارگر ہوتے ہیں ۔نشانے پر بیٹھیں نہ بیٹھیں ۔آگے آپ سمجھدار ہیں۔حضور معافی چاہتے ہیں کہ ہم ہر بار آپ کی عقل وفراست کی خیریت پوچھتے رہے ہیں۔یا اسے زندہ وتابندہ رکھتے ہیں۔(ہوشیار خبردار کی طرح۔تو یہ بھی تو خدمت ہوئی خواص کی نہ سہی عوام کی سہی ہاں حضور پٹری ہم نے بدل لی۔دَل اور دل تو نہیں بدلا..........)

اس سلسلے میں ہمیں آئے دن ریل کا سفر کرنا پڑتا ہے اور ریل کے کرایے اس سوپر فاسٹ رفتار سے مائل بہ پرواز ہیں۔کہ فرسٹ کلاس کی رقم سیکنڈ کلاس میں دھکے کھاتی ہے اور ہڈی تڑواتی ہے۔تو بے ساختہ بھولے بھلائے میر یاد آجاتے ہیں۔یکسروہ استخوان شکستوں سے چور تھا۔

اگر کبھی فرسٹ کلاس نصیب ہوجائے تو سارا وقت افسوس ہوتا ہے کہ اس سے تو پانچ برس پہلے ہوائی جہاز ہی میں چلے جاتے ،کہ دس پانچ سال کی عام آدمی کی زندگی میں کیا حیثیت واہمیت تو عالم کیف وسرور میں ہم نے

سوچا غم کا اپنا ایک نشہ ہے ضمنی مطالعہ کے لئے دیکھئے (Dememche:City Of joy)؟ آنند نگر کہ ہمیں وہ فری ڈم فائیٹر والا فری A/C پاس کیوں نہیں مل سکتا۔

اگر ہم نے ذرا بھی عقل سے کام لیا ہوتا تو جتنی مار کٹائی ہماری گھریلو آزادی یا پڑھنے کی آزادی کے سلسلے میں ہوتی تھی اس سے نصف میں ہم درجہ اول فری ڈم فائیٹر امتحان پاس کر سکتے تھے۔ وہ بھی ڈسٹنکشن کے ساتھ۔ اس جنگ میں عمر کی کوئی قید تو ہے نہیں۔ تین چار سال کا بچہ بھی ڈنڈے لاٹھی لات جوتے کھا سکتا تھا وہ ہم نے حسب ہمت کھائے۔

پولیس والوں کے بھی، کہ والد اس خاکسار کے DIG تھے۔ سرکار انگلشیہ کے وفادار۔ وہی ڈنڈے جو کانگریسی کارکنوں پر برسا کرتے تھے۔ وہی ذرا ہلکے سے کبھی ہم پر بھی اٹھ جایا کرتے تھے۔ وہ ایک آدھ ماہ جیل میں رکھے گئے۔ کسی کو قید با مشقت کی سزا ملی تو ہمارا گھر۔ جو اس زمانہ میں بنگلہ کہلایا کرتا تھا۔ اس کے کمرے کس جیل خانے سے کم تھے۔ اور زندگی با مشقت تو اب تک گذر رہی ہے۔

غالب کی طرح ہم بھی عالم بالا سے سزا کاٹنے کے لئے آئے ہیں۔

مگر ہائے رے نا عاقبت اندیشی کہ ان تمام حادثات کا کوئی ریکارڈ نہیں۔ ضابطہ تحریر میں اسے لائے نہیں اور یہ سب جانتے ہیں کہ کام ہو نہ ہو کاغذی کاروائی پکی ہونی چاہئے۔ سیکڑوں اسکول، اسپتال، سڑکیں، پل، ادارے۔ ڈھونڈھے ڈھونڈھے نہیں ملتے۔ یعنی ہر چند کہیں کہ ہے مگر نہیں ہے کاغذ پر وہ پوری آب وتاب سے جلوہ گر ہیں۔

سرکاری ریکارڈ میں وہ پکی سیاہی کے لکھے سے موجود ہیں خرچہ ان کا رسیدی ٹکٹ پہ ماہ بہ ماہ دیا جاتا ہے۔ تو کیا ہماری درد بھری داستان اور

لرزہ خیز وارداتوں کا ایک سرٹیفکٹ نہیں بن سکتا تھا۔ اتنی دور اندیشی ہوتی تو اعزازات سے نوازے جاتے ان الفاظ میں تعریفیں کیں جاتیں۔ جو ہماری لغت میں موجود ہی نہیں اور کچھ نہیں تو تامر پتر ملتا۔ پنشن جاری کر دی جاتی اور A/C کا فری پاس ملتا۔

اور ہم بقیہ زندگی ہنسی خوشی اپنے گوشۂ عافیت یعنی ریل کے ڈبے میں گذارتے۔

لیکن یہ نہ تھی ہماری قسمت۔

☆☆☆☆☆

ہم نے منّت اُتاری

ہماری چھوٹی بہن کو بچپن سے منت مانگنے کی لت پڑ گئی تھی۔ کبھی دیکھیےتو وہ ہاتھ پھیلائے کہہ رہی ہیں۔ "اللہ جی میری سہیلی آج اسکول ضرور آئے" کبھی دہائی دے رہی ہیں کہ گلابی سوٹ کے ساتھ کا ڈوپٹہ کہیں نہیں مل رہا۔آج پھر بازار جا رہی ہوں۔اے خدا مجھے میرا ڈوپٹہ دلا دے۔ورنہ میں فلاں کی شادی میں کیا پہنوں گی۔

غرض دن میں دس بار منتوں کا (Average) تو ہو ہی جاتا تھا۔ یہ منتیں دس پانچ پیسوں یا چار چھ نفلوں تک محدود رہتیں۔ پھر بھی بیچاری کی آدھی پاکٹ منی اور کھیل کود کا آدھا وقت منتوں کے ٹیکس کے طور پر ختم ہو جاتا۔

عقل آنے پر بھی اس کی یہ عادت گئی نہیں۔اللہ آمین سے ان کی خانہ آبادی بھی ہوگئی۔اچھی سی سروس بھی مل گئی۔مگر عادت تو پھر عادت وہ بھی بچپن کی۔وہ کہیں جانے والی۔سسرال بھی کچھ اسی رنگ میں رنگی تھی۔

خیر تو ہمارے بڑے بھائی ذرا پٹری پر سے کھسکنے لگے۔انھیں سیر تفریح کے بہانے ہم لوگ آگرہ اور گوالیار لے گئے۔ ہر جگہ کے ڈاکٹر نے ذہنی صحت مندی کا سرٹیفکٹ دے دیا (Tentionfree) ہو کر ہم لوگ خوشی خوشی گوالیار کی تاریخی عمارتوں کی سیر کرنے لگے۔تان سین کے مزار پر گئے۔اپنی اپنی علمیت کے مطابق فاتحہ پڑھی۔تان سین کے مزار کے قریب

ہی ایک شاندار مزار نظر آیا۔ بہن صاحبہ لپکیں ۔معلوم ہوا حضرت خواجہ غوث کا مزار ہے۔ ہر مراد پوری ہوتی ہے۔ بہن صاحبہ کو ویسے بھی میڈیکل سائنس پر زیادہ اعتقاد نہ تھا۔جھٹ بھائی کی مکمل صحت یابی کے لئے بڑی عقیدت سے سرڈھانک کے منت مانگی اور مزار کی جالی پر مجاور صاحب کا دیا ہوا لمبا سا دھاگا باندھ دیا۔

دھاگا باندھنے سے پہلے انھوں نے ہمیں اتنا وقت ہی نہیں دیا تھا کہ ہم انھیں اپنی بے اعتمادی اور حیدرآباد اور گوالیار کے فاصلے کے متعلق کچھ بتاتے۔ہم نے صرف اتنا ہی کہا۔

''دیکھو ہر منت کی طرح اسے بھی اتار دینا۔ یہ کوئی تمہارے گلابی ڈوپٹے کے (Standard) کی منت نہیں اور تعلق بھی براہ راست تمہارے ''اللہ جی'' سے نہیں میڈیا آفیسر ہیں حضرتِ خواجہ غوث''

لہک کے جواب دیا۔

''ارے تم کیوں فکر کرتی ہو۔ ہر سال تو بھوپال آتے ہیں ہم لوگ۔ بھوپال سے گوالیار ہے ہی کتنی دور۔ ناشتہ اُدھر تو کھانا اِدھر۔اب کے میاں اور بچوں کو بھی لے آئیں گے۔''سیر کے واسطے ایک شہر اور سہی''

اب ہم کیا کہتے۔مسکین صورت بنائے ان کے خوشی سے دمکتے چہرے کو دیکھتے رہے۔

خیر صاحب ۔ بات آئی اور گئی ہو گئی ۔ اگلی پچھلی روایتوں اور معمولوں کی طرح ۔ان کو اور ان کے میاں کو پروموشن مل گئے ۔ظاہر ہے اس کی منتیں اتاری گئی ہوں گی ۔ بچے بیمار ہو ہو کر تندرست ہوئے اور ماشاءاللہ بڑے ہوتے گئے ۔ان کی بے حدو حساب منتیں بھوپال بھی پابندی سے آتی رہیں بلکہ اب تو ان کے لئے دلّی بھی دور نہیں رہی تھی ۔اکثر کانفرنسوں میں

شرکت کے لئے میاں بیوی دلّی پہنچ جاتے بچے ہمارے سپرد کر کے........!

بھائی کی پٹری دوبارہ ڈگمگانے لگی۔ ہم نے بہن کو لکھا کہ ''ابھی تک تم نے منت نہیں اتاری۔ لگتا ہے حضرت خواجہ غوث کو جلال آرہا ہے۔''

خوف زدہ تو وہ ہوئیں۔ لیکن حالات کچھ ایسے تھے کہ فوراً گوالیار نہیں آسکتی تھیں۔ انھوں نے چند بزرگان دین وعقیدت مندان سے مشورہ کیا اور ہمیں حکم دیا کہ'' تم ہماری طرف سے منت اتاردو سارا خرچ ہم دیں گے۔''

روپیہ پیسے کی طرح وقت بھی ہمارے پاس واجبی واجبی رہتا ہے لہٰذا اسے بھی بے دریغ خرچ نہیں کیا جاسکتا۔ خصوصی طور پر جانے کے بجائے ''آتے جاتے'' کا انتظار کرتے رہے۔ چند ہفتوں بعد ہی دلّی نے پکارا واپسی پر گوالیار میں ''سفر توڑا'' یعنی بریک جرنی کی۔ سامان رکھا اپنی پنجابن دوست کے یہاں اور منت اتارنے کے لئے سہارا لینا چاہا پروفیسر اختر نظمی (مرحوم) کا۔ کہ اس شہر میں صرف انھیں کلمہ گو سے ہماری واقفیت تھی۔ جب پنجابن دوست کے سوہنے منڈے کے اسکوٹر پر بیٹھ کے ہم کے۔آر۔جی کالج سے چھ سات میل کا سفر طے کر کے پروفیسر کے در دولت پہ پہنچے تو وہاں دروازے پر لٹکے سوا سیری تالے نے ہمارا استقبال کیا۔ اب کیا کریں۔

سوہنے پنجابی منڈے سے پوچھا۔

''بیٹا تم نے کبھی کوئی منت اتاری ہے۔''

جواب دیا۔

''نہیں آنٹی۔ مگر ممی کے ساتھ کئی مزاروں پہ گیا ہوں اور جوتے بھی اتارے ہیں اور سر پہ رومال بھی ڈالا ہے۔''

ہم نے سوچا بس اتنا کافی ہے۔ اور تنگ گلیوں سے ہوتے ہواتے

پہنچے مزار شریف پر۔وہ عین نصف النہار کا وقت گوالیار کی گرمی۔حضرت غوث کے سایۂ عاطفت میں مجاور صاحب بھی گہری نیند میں فراٹے سے خراٹے بھر رہے تھے۔انھیں ہوش میں لایا اور مقصد آمد کا بیان کیا۔وہ بے حد خوش ہوئے اور ہمیں ان اشیاء کی لمبی فہرست سنائی جو منت اتارنے کے لئے لازمی تھیں۔جنھیں سن کر ہمارے ہوش اڑ گئے۔ڈھائی گز کی ہری ریشمی چادر۔ سوا پانچ کلو مٹھائی اور سوا گز چاندی کا تار۔

ہم نے پوچھا۔''مٹھائی اور چادر تو سمجھ میں آتی ہے کہ آپ مع اہل وعیال نوش فرمائیں گے۔اور چادر بیٹی کے جہیز میں کام آئے گی۔لیکن یہ تار کیوں؟ کڑک کے جواب دیا۔''دیکھئے منت مانگتے وقت آپ نے مزار کی جالی پہ سوا گز کا دھاگا باندھا تھا۔اب وہ دھاگا کھول کر آپ چاندی کا تار باندھیں گی......''

ہم ان کے جلال سے قطعی خوف زدہ نہ ہوئے۔کہا۔

''اتنے سال بعد ہم اپنے اصل دھاگے کو کیسے پہچانیں گے۔کہا۔

''اتنی جان پہچان۔تلاش وتحقیق اور شناخت و بے شناختگی کے چکر میں کون پڑتا ہے۔کوئی سا بھی دھاگا کھول لیجئے۔سب ایک ہی گروہ ایک ہی پارٹی کے ہیں۔''

ہم نے سوچا اس سے اچھی قومی ایکتا کی اور کیا مثال ہوسکتی ہے۔ اور خواجہ موصوف سے ہمیں بھی کچھ کچھ عقیدت پیدا ہونے لگی۔

خیر تار کی لمبائی،مٹھائی کے وزن۔اور چادر کی کوالٹی پر خاصی دیر تک بحث ہوتی رہی۔آخر میں سوا بالشت تار،سوا کلو مٹھائی اور پھولوں کی چادر پر معاملہ طے ہوا۔تب مجاور صاحب نے فرمایا اتنی دھوپ میں آپ خریداری کی زحمت نہ اٹھائیں یہ خادم خواجہ صاحب کی خدمت کے لئے بھی

ہے اور آپ کی خدمت کے لئے بھی ۔آپ تو رقم عنایت کر دیجئے ۔ ہم نے مطلوبہ رقم ان کے حوالے کی ۔ دس منٹ بعد وہ ایک چھوٹا ساڈبہ اور چند مرجھائے گیندے کے ہار لئے واپس آ گئے اور ہمیں تسلی دی کہ۔

''حضور چادریں سب صبح ہی فروخت ہو چکیں اب تازی ٹھنڈے وقت تیار ہوں گے۔ چاندی کا تارصرافے میں ملتا ہے۔ جو یہاں سے بہت دور ہے۔ رہی مٹھائی تو کلو بھر مجاور کا حق اور پاؤ بھر آپ کا حق......''

سوا اپنا حق حصہ لے کے ہم خوش خوش لوٹ آئے۔ باقی معاملات بہن صاحبہ مجاور اور حضرت غوث صاحب آپس میں طے کریں گے۔

بس اتنا اور عرض کر دیں کہ ان سب پر جو چونسٹھ روپیہ پچھتر پیسے خرچ آیا تھا۔ اس کی ادائیگی آج تک نہیں ہوئی ۔ حالانکہ وہ اب تک ہم پر چونسٹھ ہزار خرچ کر چکی ہوں گی۔

☆☆☆

تبسمِ زیرِلب

یہ ہنسنا ہنسانا ہی تو ہے جو انسان کو جانور کی صف سے اٹھا کر ایک سیڑھی اوپر کھڑا کر دیتا ہے۔ ورنہ۔

ارے صاحب مروت تکلف کیا.....؟ خدا لگتی کہئے۔ ورنہ کوئی خاص فرق محسوس کرتے ہیں آپ دونوں میں.....؟ ہماری عقل ناقص اور دیدۂ نیم بینا میں تو ہے نہیں۔

روتے دونوں ہیں۔ با آواز بے آواز۔ ہاتھی جیسے ڈیل ڈول والے جانور کی چھوٹی چھوٹی آنکھوں سے بہتے آنسو دیکھے نہیں جاتے۔ گھوڑے، بیل اور کتے کی بات تو چھوڑیئے۔ روتا تو بیچارہ گدھا بھی ہوگا۔ لیکن اس کے اور اس جیسوں کے رونے پہ سب کو ہنسی آتی ہے۔

خیر۔ رونے سے ہم ہنسنے پہ آجائیں۔ لگانے والے خوب کھل کر قہقہے لگاتے ہیں۔ ایسے کہ چھتیں اڑ جائیں دیواریں لرز جائیں اور چار گھروں میں رہنے والوں کی نیندیں اڑ جائیں یہ قہقہے ہر حالت میں لگتے ہیں۔ شرافت کے دائرے میں رہ کر اور ہر دائرے سے آزاد بے نیاز خباثت کے اظہار کے طور پر۔ اس کے لئے کسی سوجھ بوجھ عقل شعور کی ضرورت نہیں۔

لیکن تبسم زیرلب ان مول دولت بھی ہے اور مشکل فن بھی۔ بے ساختہ بھی ہے اور ساختہ بھی۔ قدرت کی دین ہے۔ فطرت کی معصومیت کی دلیل ہے۔

چند دنوں کا ننھا بچہ بھی مسکراتا ہے۔ اور روئے زمین کی لافانی حسینہ میڈونا بھی پتہ نہیں مائیکل انجلو کو کس الہامی گھڑی میں یہ ہلکی سی مسکراہٹ مل گئی۔ تبسم زیرلب کی دولت ہاتھ آگئی اور اس نے ایک سادہ سے چہرے پہ چپکا دی اور وہ چہرہ شاہکار بن گیا۔ ایسا شاہکار کہ صدیاں گذر گئیں لیکن حسن کی دنیا کی اس خاتون اول اس بیوٹی کوئین کی جگہ کوئی نہ لے سکی۔

تو صاحب معصوم یہ بنائے، حسین یہ بنائے اور بے وقوف یہ بنائے۔ مسکرانے والے کو بھی اور اس مسکراہٹ کے دیکھنے والے کو بھی۔ اس کی سادگی میں پرکاری ہے اور بے خودی میں ہوشیاری پھر تو ہوانا یہ وہ فن جو بڑی ریاضت کے بعد حاصل ہوتا ہے۔ تلوار کی دھار پر چل کر اور سوئی کے ناکے سے نکل کر.......!

تبسم زیرِلب کے حسن و معصومیت کے جلوے تو دیکھ لئے۔ اب ذرا اس کی حماقتوں کے نظارے ہو جائیں۔

آپ نے دیکھا ہوگا کہ جو عقل سے پیدل ہوتے ہیں۔ کسی قسم کا شعور اور ہوش نہیں رکھتے۔ وہ بھی دل سادہ کے ساتھ ہلکی سی مسکراہٹ رکھتے ہیں۔ اچھا سلوک کیجئے یا برا ماتھے پہ شکن تو کبھی آئے گی نہیں اور ہونٹوں سے مسکراہٹ جدا نہ ہوگی۔ شاید اسی کے سہارے وہ زندہ رہتے ہیں۔ اور زندوں میں شمار کئے جاتے ہیں۔ حالانکہ وہ خود اس مسکراہٹ کو نہ جانتے ہیں نہ پہچانتے ہیں۔

اللہ کے ایسے نیک بندے بھی ہیں جو آسمانی سلطانی ہر دکھ جھیل لیتے ہیں اور اللہ کا شکر ادا کرتے رہتے ہیں اور مسکراتے رہتے ہیں۔

کچھ دن پہلے ایک صاحب تشریف لائے۔ حلئے سے ویران چہرے سے پریشان تو لگ رہے تھے۔ مگر ہونٹوں کے کسی کونے پہ مسکراہٹ بھی جیسے گوند سے چپکی تھی۔ حالات و معاملات کچھ سمجھ میں آئے نہیں۔ بڑی دیر تک جب وہ کچھ نہ بولے تو ہم نے پوچھا۔

''کہیے سب خیریت ہے.......؟

فرمایا.....''جی وہ رات میں چھوٹی بیٹی کا انتقال ہوگیا۔بس یہی خبر دینے آیا تھا......''

جی میں آیا کہہ دیں.....''آپ انتقال کی خبر سنا رہے ہیں'' یا پہلی ولادت کا مژدہ سنا رہے ہیں۔

خیر یہ تو ان کا غم تھا۔اسے تو انہیں کو سنبھالنا سمیٹنا تھا۔چاہے تبسم کی گٹھری میں باندھیں چاہے آہوں کے پردے میں لپیٹیں۔ہم آپ کیا کر سکتے ہیں۔لیکن ایسے لوگ جب کہیں تعزیت کے لئے جاتے ہیں یا کسی حادثے پہ اظہار ہمدردی کرتے ہیں تو خون خرابے تک کی نوبت آجاتی ہے۔

شہر کے کسی بڑے آدمی کے بیٹے کا انتقال کسی حادثے میں ہوگیا ہمدردی جتانے اور غم بٹانے والوں کی بھیڑ لگ گئی۔صاحب مسکراہٹ بھی چوتھے پانچویں دن وہاں پہنچے۔لہجے میں غم اور آنکھوں میں آنسو بھر کر کہا صاحب زادے کی انتقال کی خبر سن کر بڑا افسوس ہوا۔جوان اولاد کا صدمہ نا قابل برداشت ہوتا ہے۔میں حادثے کے دن شہر میں تھا نہیں ورنہ اسی وقت حاضر ہوتا۔

وہ صاحب انھیں اچھی طرح جانتے بھی نہ تھے۔مگر ہمدردی کرنے آئے تھے۔سر اٹھا کر انھیں غور سے دیکھا۔وہ عادتاً مسکرا رہے تھے۔مسکراہٹ نظر آ گئی۔عادت فطرت کیسے سمجھتے۔ایک دم بھڑک اٹھے۔

''اچھا ہوا آپ اس وقت نہ آئے ورنہ ایک کے بجائے دو جنازے اٹھتے....''

''یہ آپ کیا فرما رہے ہیں ....'' پرسہ دینے والے نے پریشان ہوکر پوچھا۔

''جی...یہ جو آپ مسکرا مسکرا کر مجھے میرے بیٹے کا پرسہ دے رہے ہیں۔تو اس کا یہی مطلب ہوا نا کہ آپ اس کی موت اور میرے غم پر بہت خوش ہیں۔اسی

مسرت کا اظہار اگر اس دن کیا ہوتا تو کیا میں آپ کو زندہ چھوڑ دیتا۔"

وہ غریب معمولی انسان۔ڈر سے کانپنے لگا۔

"میں اس حادثے پہ خوش ہوں گا۔؟ حضور آپ میرے بزرگ ہیں۔آپ کا غم میرا غم ہے۔خوش ہونے کا سوال کیا۔میرا کلیجہ تو صدمے سے پھٹا جارہا ہے..............."

"پھر آپ مسکرا کیوں رہے ہیں......؟

"جناب میری یہ مجال......"

"اب بھی آپ مسکرانے سے باز نہیں آرہے۔آئینہ دکھاؤں"

اس غریب نے کبھی کاہے کو تبسم زیرلب کے ساتھ آئینہ دیکھا ہوگا۔اس کے چہرے پہ ہوائیں اڑنے لگیں۔تب تو بات ان کی سمجھ میں آ گئی۔لہٰذا معاف کر کے اپنی جان چھڑائی۔

خیر ان صاحب کی گلوخلاصی تو ہو گئی۔اور قتل کی واردات بھی ہوتے ہوتے رہ گئی۔مگر مسکرانے کی ہمہ وقتی عادت کی بناء پر تھانہ کچہری اور برسوں مقدمہ بازی کے تو ہم چشم دید گواہ ہیں ۔دو حضرات کی دوستی کسی معمولی سی بات پر ختم ہو گئی۔دوستی ختم۔قصہ ختم۔لیکن اصل قصہ اب شروع ہوتا ہے۔ان میں ایک تنک مزاج تھے اور دوسرے بے نیاز اور بے نیاز صاحب کے پاس سرمایہ تھا تبسم زیرلبی کا۔جب وہ اپنے سابق دوست اور حالیہ دشمن کو دیکھتے۔عادتاً مسکرا دیتے۔

وہ سمجھتے مسکراہٹ کے تیر انھیں چھیڑے جانے کی خاطر برسائے جارہے ہیں۔محلہ ایک دفتر ایک۔اکثر آمنا سامنا ہوتا۔ان کے تبسم کی تابناکی میں کوئی فرق نہ آتا۔تنک مزاج نے ہتک عزت کا دعویٰ ٹھونک دیا۔فریق ثانی مہینوں اپنی نیک نیتی اور بے گناہی کو مسکرا مسکرا کر ثابت کرنے کی کوشش کرتے رہے۔مگر پانسہ الٹا ہی پڑتا تھا۔جج صاحب سخن فہم بلکہ تبسم فہم تھے تنگ آکر ایک تبسم زیرِلب کے

ساتھ مقدمہ خارج کردیا۔

ارے صاحب ایک مقدمہ خارج ہوا۔ ایک سلسلہ ختم ہوا۔ مگر اس تبسم سے کیسے کیسے سلسلوں کی ڈور الجھ جاتی ہیں۔

میں جسے پیار کا انداز سمجھ بیٹھا ہوں
وہ تبسم وہ تکلم تری عادت ہی نہ ہو

جانے کتنی حسینائیں اپنی اس عادت وفطرت سے کتنوں کو بے وقوف بناتی ہیں اور کتنے خود بے وقوف بن جاتے ہیں۔ اس تبسم کے سہارے عاشق صادق آسمان سے تارے توڑ لائیں۔ سوکھے گیلے ہر کنوئیں میں چھلانگ لگا دیں۔ چھوٹی چھوٹی فرمائش پوری کرنے کے لئے بازار کے چکر لگائیں۔ دفتروں کی خاک چھانیں۔ آپ کے امتحان کی تیاری کے لئے خود رات رات بھر جاگ کے کتابیں پڑھیں، نوٹس تیار کریں اور نقل کی پرچیاں بنائیں۔ بعد میں آپ کے انکار پر وہ شکایت کریں اور آپ کو آپ کی مسکراہٹ یاد دلائیں تو آپ فرمائیں۔

یہ تو ہماری عادت ہے۔

واقعی یہ وہ ریشمی سرسراتا رنگین پردہ ہے جس کے پیچھے کیسی کیسی دلنوازیاں اور کیسے کیسے ستم چھپے ہیں۔ جس پہ گذرتی ہے وہی جانتا ہے۔ مگر اف نہیں کرسکتا۔

یہ سب تو فطرت، عادت، حماقت شرافت والے زیر لب تبسم کی تصویریں ہیں۔ اگر یہ حماقت وشرافت کے نتیجے میں آپ کے ہونٹوں پر نہیں ہے تو پھر اسے حاصل کرنے اور اپنانے میں آپ نے اپنی پوری ذہانت استعمال کرڈالی ہے کہ اسے دانستہ لبوں پہ سجائے رکھنا بڑا مشکل فن ہے۔

کلاسیکی شاعری، کلاسیکی موسیقی، نقاشی اور مصوری کی طرح بلکہ فلسفہ اور ریاضی کی طرح اور ہمارے خیال میں آج کا کمپیوٹر اور انٹرنیٹ بھی اس کے آگے کچھ نہیں، کیا شطرنج کی چالیں ہوں گی جو اس کی ہیں۔ کبھی سیدھی، کبھی دائیں، کبھی

بائیں، کبھی ایک گھر کبھی ڈھائی گھر۔ پھر شہ اور مات۔ اس کا کاٹا تو ایک بوند پانی نہیں مانگ سکتا۔

یہی سیاست دانوں کا بھی ہتھیار ہے۔ اسی کا بول بالا ہے۔ اسی کا بازار گرم ہے۔ اسی کے دام ودم میں اچھال ہے اور اسی کے دام میں ایک عالم گرفتار ہے۔ بہتی گنگا ہے۔ جس میں سب ہاتھ پیر دھو رہے ہیں۔ تو اس بھیڑ بھاڑ میں کامیابی کے لئے ہتھیار بھی تو مضبوط چاہئے اور حسین بھی۔ تبسم زیرِلب کو آزمایئے۔ کامیابی آپ کے ساتھ۔

موسم آیا الیکشن کا۔ حالات حاضرہ کے تحت اب تو ہر موسم الیکشن کا موسم ہے۔ پانچ سال کیا۔ مہینہ دو مہینے کی بھی قید نہیں رہی جب جس کا جی چاہا حکومت گرائی۔ جب جی چاہا حکومت بٹھائی اور پھر اٹھائی۔ یہ بازیچۂ اطفال بن گیا ہے۔ ہمارے آگے شب و روز تماشا ہوتا رہتا ہے ہم خاموش تماشائی کی طرح دیکھتے رہتے ہیں۔ بازی گر شرطیں لگا لگا کر کھیلتے رہے ہیں۔ ایک تبسم زیرِلب کے ساتھ کہ جیتنے اور کرسی پر جمے رہنے کا نسخہ یہی ہے۔ ہتھیار یہی ہے۔

جنتا کے سلام کو گاؤں گاؤں، گلی گلی، کوچے کوچے جائیں۔ ہاتھ جوڑے، ہونٹوں پہ تبسم سجائے۔ وہ اپنی مانگیں رکھیں۔ نہ انکار نہ اقرار کہ انکار کر نہیں سکتے اور اقرار پہ قائم رہنا ممکن نہیں۔ بس مسکراہٹ کا سکہ اچھالئے۔ سمجھنے والا جو چاہے سمجھے ہاں۔ نا

لیکن سمجھنے والے کو اتنی مہلت ہی کب ملتی ہے کہ حضور والا کے تبسم میں وہ مینا کاری ہوتی ہے کہ دیکھنے والے کی عقل خبط اور چشم بینا، نابینا...!

صفِ دشمناں پہ بھی ہتھیار سے حملہ کیجئے۔ وہ لاکھ برا بھلا کہیں کیچڑ اچھالیں گالیاں دیں۔ ایک تبسم رہے سب کے جواب میں۔ وہ خود ہی پسپا ہو کر پیچھے ہٹ جائیں گے، جو ٹکر برابری کی ہوئی اور یہی تیر آپ پر برسائے جانے لگیں تو اپنے

تبسم میں اور مہارت دلآویزی پیدا کیجئے یہ تو فن ہے۔نکھرتا ہی چلا جائے گا۔

سیاست کی باگ ڈور اہل سیاست کے ہاتھوں دے دیں ۔ ہم چلیں سفارت خانوں کے دورے پر۔ ویسے یہ بھی سیاست کا ہی ایک رخ ہے۔لیکن ذرا بدلا بدلا ۔سنبھلا سنبھلا ۔ یہاں بھی مسکراہٹ کا بول بالا ہے۔قہقہوں ہنسی ٹھٹھوں کی اجازت نہیں ۔میزبان سفیر بس ہمہ وقت مسکراتے ہی پائے جائیں گے ۔ یہ ان کے فرائض منصبی کا لازمی حصہ ہے۔اس تبسم زیرِ لب کا رنگ روپ چمک دمک ،فیشن ، اسٹائل بلکہ لمبائی چوڑائی سب آفیشیل کوڈ آف کنڈکٹ کے حساب سے ہوتی ہے۔ اس میں ان کی مرضی کا ذرا دخل نہیں ۔جس ملک سے تعلقات خوشگوار ہیں اس کے لئے مسکراہٹ زیادہ رنگین اور طویل ۔جس سے خراب ہیں ا کے لئے سنگین اور مختصر۔

سفارت خانے سے بھی نکل لیجئے ۔علم و ادب اور اہلِ دانش و بینش کی محفل کا رخ کریں ۔ یہاں بابائے اردو اور دادائے فارسی جو فرمار ہے ہیں وہ ہماری آپ کی سمجھ سے تو ایک قدِ آدم بلند ہے۔لیکن حیرت زدہ ہو کر جس تس کا منہ تکنے اور خود کو ڈگری یافتہ جاہل ثابت کرنے کے بجائے بس مسکرائیے زیرِ لب ۔حاضرین و ناظرین آپ کی علمیت پر ایمان لے آئیں گے ، بلکہ اگر آپ کی مسکراہٹ زیادہ فنکارانہ ہو گئی تو تقریر اور بحث کرنے والوں کے چھکے چھوٹ جائیں گے اس خوف سے کہ صاحب تبسم کی علمیت کے آگے خود ان کی اپنی قابلیت کا بھرم نہ کھل جائے ..!

تو حضور اس تبسم زیرِ لب کے کیا کہنے ہیں ۔اس کے ہزار جلوے ہیں روشن بھی تاریک بھی۔ سفینہ چاہئے اس بحرِ بیکراں کے لئے اور سفر ہے کہ تمام ہوا جاتا ہے۔

☆☆☆

سیانا چوہا۔ڈبل

عنوان سے چونکئے نہیں۔ ہمارا مقصد تو صرف یہ تھا کہ ہم اسے (مضمون کو چوہے کو نہیں......!) آپ کی خدمت میں دو قسطوں میں پیش کریں گے۔ کہ ایک قسط میں اس کا ہضم کرنا بس کی بات نہیں۔

نہ آپ کی نہ ہماری۔

مگر ہمیں ایک دم خیال آیا کہ دنیا کے ایک حصے میں دوسرے جانور اور کیڑوں مکوڑوں کے علاوہ چوہا بھی بڑے شوق سے کھایا جاتا ہے اور سنا ہے کہ بے حد لذیذ ڈش ہوتی ہے۔ لہٰذا جب سنگل سے نیت سیر نہیں ہوتی تو ڈبل کی فرمائش کی جاتی ہے۔(دنیا کے باقی حصوں میں تو انسان انسان کو کھاتا ہے۔ کیا مانس ہاری کیا شاکاہاری.........!)

اس کے ڈبل مارے ہوئے ہم بھی ہیں۔ کہ اس کی پھیلائی ہوئی بیماری اور اڑائی ہوئی ہوا وافواہ میں ہماری ایک فارن ٹرپ ہمیں زمین پہ پٹخ کے ہوا ہوگئی بڑ ی دوڑ دھوپ آپا دھاپی سے سنسناٹی (امریکہ) میں ہونے والی ایک کانفرنس کے لئے سرکاری کرایہ منظور کروایا۔ لمبا چوڑا سنسنی خیز پر چہ برسوں پہلے سلوائے گرم کپڑے جو کشمیری پھرَن کے بجائے کاغذی پیرہن میں تبدیل ہو چکے تھے، نکالے وہ سوٹ کیس۔ جس پر وقت کی اتنی دھول جم چکی تھی کہ سوٹ کیس کے بجائے ٹین کا زنگ آلود بکسا لگنے لگا تھا صاف کیا قسمت کی طرح کھوئی ہوئی کنجیاں تلاش کیں۔

وہ ایر لائینس ڈھونڈی جس کا کرایہ کم اور ایر کرافٹ مضبوط محفوظ اور

قابل اعتماد ہو۔اور سب ایک ذرا سی چوہیا کی نذر ہو گیا۔اور ہم سنسناتے رہ گئے۔

تب ہی تو ہمارا ایک بھانجا بچپن میں کہا کرتا تھا۔

''چوہا ڈرتی''

اور اب بڑے ہو کر بھی وہ اتنا ہی ڈرپوک ہے اور چوہے تک سے ڈرتا ہے شیروں کی بات تو چھوڑئے۔

چوہا تب بھی سیانا تھا جب وہ بنایا گیا اور اب بھی اتنا ہی سیانا ہے جب وہ چن چن کر ڈھونڈ ،ڈھونڈ کر مارا جارہا ہے۔

کبھی وہ بھگوان گنیش کی سواری بنا۔دوسروں کو راج سنگھاسن پر بٹھا کر اپنی پوجا کروائی ۔اب یم دوت کو اپنی دُم میں باندھ کر تانڈو نرت کررہا ہے اور ساری دنیا کو اپنی چھوٹی گول گول آنکھوں کے اشاروں پر نچا رہا ہے۔پہلے وہ صرف دو مونچھوں والا تھا۔اب شاید اس کی سات مونچھیں ہوگئی ہیں۔ڈر ہے کہیں نو نہ ہو جائیں پھر دو اور اُگ آئیں۔

تب تو نو اور دو گیارہ۔سب،سب کچھ۔''چوہے کی موت مرنا'' ہمارے ادب اور ہماری دنیا کا مشہور اور مقبول محاورہ ہے۔لوگ کبھی چوہے کی موت مرا کرتے تھے۔بزدلوں کی طرح بلوں میں گھس گھس کر چھپ چھپ کر زہر کھا کے یا زہر دیئے جانے پر دھوکے سے لالچ سے پنجرے میں پکڑ کر۔پانی میں ڈبو کر اور ڈوب کر۔سانپ کے پیٹ کا ایندھن بن کر لیکن یکایک چند چوہوں نے مر کر۔ایک خاص انداز سے جام شہادت نوش کر کے ساری دنیا میں تہلکہ مچا دیا۔کیا انسان کیا شیطان سب اس کے نام سے تھر تھر کانپ رہے ہیں۔اور جو کہیں اس کا مرا منہ دیکھ لیں تو پھر جیتے جی موت یقینی ہے۔

موت کے گھاٹ اتارا جانا ان کا مقدر تھا ۔اب بھی ہے مگر پہلے وہ خود مرتے تھے۔اب دو چار دس بیس کو مار کر بے دم کر کے مر رہے ہیں.

مال دولت کی پہلے بھی ان کی نظر میں کوئی وقعت اہمیت نہ تھی
کروڑوں کے نوٹ، لاکھوں کا کپڑا لتہ، ہزاروں کے کاغذ کتابیں سب کتر کے ڈھیر۔
اور اب محض اپنے نام سے اپنے وجود اور عدم سے اربوں کھربوں کے وارے نیارے کر رہے ہیں۔
سب کی عقلیں بند، سوچ بند، سمجھ بند لین بند اور دین بند دوکانیں بند، بازار بند، ریلوں کی گڑگڑاہٹ بند ہوائی جہاز کی اڑانیں بند۔ کاروبار کھلا ہے تو صرف دوائیں بنانے کا ساری دنیا مل بیٹھی ہے تو صرف دفاعی تدبیریں سوچنے کے لئے، تو پھر سیانا تو یہ ہوا نا۔
اپنے لئے نہ سہی دوسروں کے لئے ہی سہی تو پھر آیئے اس سیانے چوہے کے اچھی طرح درشن کریں۔ پورے آدرسمان کے ساتھ۔

''پھرن'' گرم کرتہ جو کشمیری مرد عورتیں کپڑوں کے اوپر سوئیٹر یا شال کے بجائے استعمال کرتے ہیں۔

☆☆☆

نیا قُطب مینار

چلتے چلاتے ہم دلی پہنچے۔اور ہم ہی کیا ہر ایک کی دوڑ دلی تک ہونے لگی ہے کہ دلی اب دور بھی نہیں رہی اور اسے مکہ مدینہ کاشی ترو پتی قسم کا درجہ مل گیا ہے۔ اور دلی پر ان حملہ آوروں کی یلغار کی وجہ سے خود دلی والے اپنا گھر بار زمین جائیداد سب چھوڑ چھاڑ ادھر ادھر بھاگتے پھر رہے ہیں۔اب جب ہم نے دھکے کھاتے اردو انگریزی کا سفر کرتے۔(یہ اردو انگریزی میڈیم ساتھ ساتھ چلانے میں ہمیشہ گڑبڑ ہوتی ہے۔!) دلی کی دہلیز پکڑ ہی لی تو سوچا اہم اور بلند چیزوں کے دیدار بھی کر لئے جائیں۔ پہلے لال قلعہ اہم اور قطب مینار بلند سمجھا جاتا تھا۔مگر اب سنگ وخشت اینٹ پتھر کا دور رہا نہیں۔اب تو گوشت پوست کے انسان پتھر سے بھی سخت اور بے حس بن چکے ہیں تو انھیں کو دیکھ لیں۔کیسا لال قلعہ اور کہاں کی قطب۔! ویسے بھی جب چالیس بیالیس سال پہلے ہم پہلی بار دلی آئے تھے تو ہمیں گائیڈ صاحب نے کہ جو فلم گائیڈ کے دیو آنند سے بالکل مختلف تھے لگاتار دو دن تک اتنے مقبرے دکھائے کہ ہمیں لگا کہ اگر ہم چند گھنٹے بھی دلی میں اور رک گئے تو ہماری قبر بھی یہیں بن جائے گی۔ ہمایوں کے مقبرے کے آس پاس ہمیں زمین کا ڈیڑھ گز ویران سا خاکی ٹکڑا نظر بھی آ گیا تھا۔

خیر تو خواتین و حضرات گرامی ہم نے انسانی قلعوں اور میناروں کو اپنے حالیہ Sight Seeing پروگرام میں شامل کر لیا۔

قلعہ کسے کہیں کسے نہ کہیں۔سب تو گڑھی ہیں۔کچی مٹی کے محل ہیں

تاش کے پتوں کے ۔ایک قطب مینار ہی Unbreakable fiber نظر آیا سو ہم نے وزیر اعظم سے ملاقات کی ٹھانی ۔ویسے بھی ادب نواز اور نخشب کی طرح آہستہ آہستہ چلتے چلتے ملتے ملاتے ساٹھ اور ساٹھ ایک سو بیس منٹ میں غروب ہو جائیں گے۔

تو گویا ہمیں آٹھ بجے حاضری رجسٹر پہ انگوٹھا لگا دینا چاہئے ۔دلی میں کہیں آٹھ بجے پہنچنے کا مطلب ہے چھ بجے جاگ پڑنا۔اور چھ بجے جاگنے کا مطلب ہوا شب بیداری یا تہجد گزاری۔

جمعرات کی رات تک دلی کی زمین انگارے اگل رہی تھی اور آسمان آگ برسا رہا تھا۔مگر جمعہ کو پو پھٹنے کے ساتھ آسمان بھی پھٹ پڑا۔پہلے بوندا باندی پھر چاند ماری۔وطن میں کون ہمارے پاس بند گاڑی ہے۔جو دیار غیر میں اس کی آرزو کرتے ۔بڑی مشکل سے دوگنے تگنے کرائے پر ایک آٹو رکشا ملا اور ہم بھیگتے بھاگتے وزیر اعظم کی کوٹھی ۷ ریس کورس پہنچے اور تب یہ راز کھلا کہ دلی کے رکشے اپنی چال بھول کر ریس کے گھوڑوں کی طرح کیوں بھاگنے لگے ہیں۔ گئے تو تھے ہم اپنی اولیت کے خواب اردو دوست ہونے کی بنا پر ہماری ان کی ہلکی سی قرابت داری تھی ۔اور ایک کانفرنس کے موقع پر ہم نے انہیں اپنی کتاب ''لو آج ہم بھی'' پیش کی تھی ۔اے کاش ہمیں خبر ہوتی کہ ہماری یہ پیشن گوئی کہ لو آج تم بھی ہو گئے وزیر اعظم غلطی سے سچ ثابت ہو جائے گی تو ہم دکشنا کے سوا روپئے اینٹھ ہی لیتے۔

آپ سوا روپیہ کی رقم پر نہ جائیے۔یہ تو دکشنا اور نذرانے کو سوا روپیہ سے سوا لاکھ اور سوا کروڑ بنتے دیر کتنی لگتی ہے۔بات تو سوا کی ہے اور دینے لینے والے کی۔!

خیر۔وزیر اعظم سے ملنے کے لئے لینا پڑتا ہے وقت۔ !وقت کے لین دین کا سلسلہ بھی اب ہر جگہ چل نکلا ہے۔وزیر اعظم تو وزیر اعظم ہوئے ۔ان کے پاس عام آدمی کے لئے وقت کہاں ۔ویسے عام آدمی کے لئے کسی کے پاس کچھ نہیں خدا کے پاس کچھ ہو تو اس کی خبر خدا کو ہی ہوگی ۔ہم حقیر بندے اس کی اٹرنل ایکسٹرنل

پالیسی کو کیا سمجھ سکتے ہیں۔!!

وقت لینے کے لئے پوچھ تاچھ دوڑ دھوپ شروع کی تو پتہ چلا ان حضرت غریب نواز کے یہاں بھی خواص اور عوام کے خانے الگ الگ ہیں۔ جیسے راج پتھ۔ جن پتھ جیسے دیوان خاص و دیوان عام۔ اور وہ جمعے کے جمعے عوام سے ملتے ہیں۔ لیجئے اس مبارک دن کی اہمیت میں مزید اضافہ۔ اور اس تقریب سعید کو نام دیا گیا ہے۔ جنتا ملن، بروزن عید ملن، ہولی ملن۔!

پہلا جمعہ آیا اور آکے بادِ صرصر کے جھونکے کی طرح جلتا جھلساتا نکل گیا کہ وہ خود بہ نفس نفیس بھوپال میں تشریف فرما تھے۔ لیجئے ہم بیاباں میں ہیں اور گھر میں بہار آئی ہے۔ والا معاملہ ہو گیا دوسرا جمعہ کہ جو وہاں ہمارا آخری جمعہ تھا واقعی مبارک ثابت ہوا اور بارا کبری سے اطلاع ملی کہ وہ ٹھیک نو بجے درِ دولت سے طلوع ہوں گے اور مہ دیکھتے ہوئے مگر وہ دن کے خواب تھے۔ وہاں پہنچ کے پتہ چلا کہ لوگوں نے نائیٹ شو کا بھی وہیں انتظام کر لیا تھا۔ ورنہ اتنے سویرے اتنی بھیڑ۔؟

ہم بھی لائن سے لگ گئے۔ ریس کورس کالان تو اندر دیوتا کے گھوڑے تاراج کر چکے تھے۔ جنتا لمبے برآمدوں (بلکہ شیڈ) کی برستی چھت اور ٹپکتی چھتریوں کے زیر سائے انتظار کی گھڑیاں Calculator پہ گن رہی تھی۔

بارے خدا خدا کر کے وہ آئے اور حسب معمول بھگدڑ مچ گئی اور ہم اپنی کمزور ہڈیوں کی سلامتی کی طرف سے قطعی مایوس ہو گئے۔ تقریب بہر ملاقات کی خاطر ہم نے ایک عرض داشت ''دھنک'' کی جانب سے برائے ''تحفظ و نمائندگی خواتین اور دوسری انجمن ترقی اردو'' کی طرف سے برائے تحفظ زبان اردو تیار کر رکھی تھی۔ اور بطور سند عہد رفتہ میں ان کے ساتھ کھینچی اپنی تصویر ساتھ رکھ لی تھی۔ اور برائے تحفہ اپنی آخری کتاب۔

یقین کامل تھا کہ وہ آئیں گے تو بعد از دعا سلام و خیر خیریت،

عرضداشت کے مسائل پر گفتگو ہو گی۔ پچھلی ملاقات کی یاد تازہ کی جائے گی۔ اگلی ملاقات کی پیش بندی کے طور پر کتاب پیش کی جائے گی۔ مگر زمانہ اور موسم دونوں دشمن بن کے آڑے آگئے۔ نہ پیام نہ سلام۔ رقیب روسیاہ عرف P.A درخواستیں وصول کر رہے تھے۔ مگر ہمت ہارنے والے ہم کب تھے۔ کتاب تھمادی عنوان تھا ''گول مال''۔ اس پہ نظر پڑتے ہی ایک چوتھائی مسکراہٹ لبوں پہ آئی کہ لالو پرساد کے چارے کا گٹھا سر پہ تھا اور ان کی گرفتاری اور بر خاستگی کا مسئلہ اسی دن اٹھا تھا۔ گویا سب کچھ ''گول مال''۔

تو بیبیو اور صاحبو یہی ایک چوتھائی مسکراہٹ اپنے پرس میں ڈال ہم آپ تک آئے ہیں۔ کہئے تو چھالیں کہئے تو بینک میں Fixed Deposit کرادیں۔

☆☆☆

عظمتوں، برکتوں والی رات

عظمتوں کی اس رات جسے شب قدر کہتے ہیں، ہم نے خدا کو ایک بار پھر یاد کیا ویسے تو ہم اسے اکثر یاد کرتے رہتے ہیں۔ لیکن اپنے انداز میں مگر عبادتوں کی اس رات کے یاد کرنے کا انداز ہی کچھ اور ہے۔ احترام اور اہتمام کی انتہا نہ تھی۔ سردی، بادل، بارش کے باوجود پورے گھر کا فرش رگڑ رگڑ کے دھویا گیا۔ کمرے میں سفید جھک چاندنی بچھائی گئی۔ ہاں صاحب ہم نے سوچا کہ پورے چاند کی رات ہے، ہر طرف نور ہی نور ہے تو چاند کی کرن جب عرش سے اتر کر فرش پر آئے تو کہیں کوئی تو اسے آئینہ دکھانے والا ہو، اس کا مقابلہ کرنے کی ہمت کرنے والا ہو۔ ورنہ کہیں مایوس ہو کر وہ واپس نہ چلی جائے۔

ہاں تو عود عنبر سلگایا گیا، اجلی چاندنی پہ اچھی طرح عطر گلاب وحنا چھڑکا گیا۔ ویسے ہمارے پاس احباب کے کرم سے پیرس کا ''فلوریڈا اور ہانگ کانگ کا ''SHEH'' بھی ہے لیکن موقع کی نزاکت کو دیکھتے ہوئے مشرق و مغرب کا یہ سنگم کچھ مناسب معلوم نہیں ہوا۔ حالانکہ پر یہ بھارت ورش ہر قسم کے سنگم کا دعویدار ہے۔!

حضور ایک نکتہ اہل ادب اور ماہر تلفظات کے لئے۔ یعنی صلائے خاص کہ اس لفظ SHEH کا اردو تلفظ ہمیں آج تک نہیں مل پایا۔ لہٰذا ٹنڈر در کار ہیں۔ بکھرتی چاندنی اور پھیلتے نور کے ساتھ ساتھ عبادتوں کے باب کھلے۔ بیچ بیچ میں کتابِ زندگی کے صفحات بھی الٹ پلٹ کے ادھر ادھر دیکھتے دکھاتے جاتے

تھے کہ پتہ نہیں اعمال نامہ لکھنے والے فرشتوں نے ہمارے ساتھ انصاف کیا یا نہیں ہم نیکیوں کے معاملے میں ویسے ہی بدنام ہیں اور آپ تو جانتے ہیں کہ بدنام سے بدا چھا۔!

اور ملائکہ قدسی یعنی فرشتوں کی نیت پہ شبہ حضرت غالب کو بھی تھا۔

پکڑے جاتے ہیں فرشتوں کے لکھے پر ناحق
آدمی کوئی ہمارا دم تحریر بھی تھا

خیر تو جب خوف خدا میں ذراسی کمی ہوئی اور رحمتوں پر اعتماد اعتبار رہوا تو ہم نے چاہا کہ خدائے برتر سے پوچھیں کہ آج جو قسمتوں کی رات کہلاتی ہے، سال بھر کے منصوبے بنتے ہیں اسکیمیں تیار ہوتی ہیں بجٹ بنتا ہے، ہر ایک کی مسرتیں اور غم رقم کئے جاتے ہیں تو کیا وہ جو دھکا مکی کر کے کیو توڑ کے آگے بڑھ جاتے ہیں انھیں کی جھولی اور جھولوں میں سب چلا جاتا ہے اور کمزور ناتواں اور شرافت سے پیچھے کھڑے رہنے والے اپنی باری کا انتظار کرنے والے منہ دیکھتے رہ جاتے ہیں۔ خالی بلکہ تار تار دامن لئے........!

یہ انداز یہ نظام، یہ طور طریقے تو روئے زمین کے حاکموں کے ہیں تیرے تو نہیں ہو سکتے، ویسے کہلاتے یہ سب ظلِ الٰہی ہیں، اور پھیلے روس سے بھارت ورش اور مکہ معظمہ سے پاکستان تک ہیں۔

آج ''رزق'' کا وعدہ سب ہی کے لئے ہوگا یا صرف محبوب بندوں کے لئے ویسے یہ تو سچ ہے کہ عبادت کا صلہ اور کئے کی سزا تو ملنی ہی چاہیئے وہ بھی اسی دنیا میں کہ عدالت کچہری جتنی جلدی ختم ہو جائے اتنا ہی اچھا ہے کہ Justice delayed is Justice denied اور پھر پچاس طرح کے کمیشن تو سر اٹھا رہے ہیں اور ہر بات تو نو دریافت حق انسان.....humanrights کے دائرے میں شامل کر لی جاتی ہے۔ کہیں

تیرے اور حقوق انسانی کے محافظوں کے دائرہ اختیارات میں کسی دن اختلافات نہ ہو جائیں۔

خیر۔ تو بات رزق کی ہو رہی تھی۔ وہ جو عبادتوں اور عظمتوں کی اس رات کو اترتا ہے رزق بھی پچاس طرح کا ہوتا ہے پانچ ستارہ ہوٹل کا بیس کورس اور جو دیوتاؤں کو لگتا ہے چھپن بھوگ اور روٹی اینڈ روٹی .... یعنی روکھا سوکھا۔

یہ سب بھرے پیٹ کی باتیں ہی۔ تو خیر شب قدر ہم نے بھی عمدہ لذیذ ڈنر کھایا بریانی، مرغ، کباب....... طرح طرح کے حلوے (اور مانڈے بھی ..!) پکایا نہیں، صرف کھایا کہ مستحقین کو لوگ کھلاتے بھی ہیں۔ مرغ، بریانی وغیرہ کھانے کی بنا پر خواہ مخواہ ہمارا ذہن ''اقسام رزق'' کی وادیوں میں بھٹکنے لگا۔ یہ تو اپنے اپنے نصیب اور نیت کی بات ہے بلکہ نتیجہ ہے۔ اور وہ شکر اور شکر خورے والا محاورہ بھی ایجاد کر رکھا ہے اہل زبان نے، کہ خدا شکر خورے کو شکر ہی دیتا ہے۔

خواہ مخواہ تو نے ہر ایک کے منہ میں زبان رکھ دی وہ بھی بغیر ''حکم زبان بندی'' کے۔

اس رات سخت سردی تھی، دن بھر تھوڑے تھوڑے وقفے سے تیز بارش ہوتی رہی۔ عبادت ہیٹر جلا کے، کمرہ گرم کر کے بھی کی جا سکتی تھی اور توبہ استغفار نرم نرم بستر میں گھس کے بھی۔ یہی ہم نے کیا۔ تو ایسے آرام دہ خوشگوار ماحول میں جھگی جھونپڑوں میں بارش سے بھیگتے اور سردی میں اکڑتے، کگڑتے سکڑتے لوگوں کی یاد نہیں آنی چاہئے۔ لیکن یہ ذہن بدبخت کچھ زیادہ ہی بے راہ رو ہوتا جا رہا ہے۔ اس کی ساخت ہی کچھ ایسی ہے کہ وقتِ عبادت بھٹکنے بھٹکنے لگتا ہے۔

جب اس کی جمناسٹک حدِ ادب سے آگے بڑھنے لگیں تو ہم نے سوچا ایسے جاگنے سے سونا ہی بہتر ہے.......خبر سے بے خبری میں ہی سکون ہے۔ ویسے بھی رات ڈھل چکی تھی۔ ستارے تھے نہیں۔ تنہا چاند کہرے کی چادر میں لپٹا دھواں دھواں ہو رہا تھا۔ اس کا غبار خمار سب بکھرنے لگا تھا۔ فرشتوں کا نزول کب کا ہو چکا ہوگا۔ اب تو وہ آسمانوں پہ واپس لوٹ رہے ہوں گے۔ انھیں رخصت کر کے اب ہم بھی اپنے خواب آلود کواڑوں کو مقفل کرلیں کہ اب یہاں کسی خیال کسی تصور کا آنا مناسب نہیں......حدِ ادب ہے۔

اللہ بس باقی ہوس۔

تو یہ تھی داستان شب قدر، برکتوں، عظمتوں، رحمتوں والی رات کی۔

☆☆☆

قلم کا سفر

دسمبر ۹۲ء کے آخر میں وزیر اعظم نے لٹے پٹے زخم خوردہ شہر بھوپال آنے کا ارادہ کیا اور پھر ٹھٹھک گئے۔ غالباً یہ سوچ کر کہ کہیں تیر بھی سینۂ بسمل سے پُر افشاں نکلا، والا معاملہ نہ ہو یہ طنز یہ اسی فیصلے کا ردِ عمل ہے اور ہمارے شہیدوں کی پہلی برسی کے موقع پر آپ کی نذر۔

پردھان منتری کی خدمت میں ہمارا یہ دوسرا خط ہے۔ جواب ہمیں پہلے کا بھی نہیں ملا تھا اور اس کا بھی نہیں ملے گا کہ خطوں کے جواب دینا آؤٹ ڈیٹڈ رسم ہوگئی ہے۔ اب تو صرف دور درشن والے مسکرا مسکرا کر خط پڑھتے ہیں اور ہنس ہنس کے جواب دیتے ہیں۔ (چاہے بات اس میں رونے ہی کی کیوں نہ لکھی ہو۔!) کہ ان کی تو ایک ایک ادا کی قیمت ہے۔!

ہم پھر جواب کی بات کریں۔ نہیں حضور، جواب ہم طلب نہیں کریں گے کہ ہم اس وقت ان سے یا کسی سے کوئی سوال نہیں کر رہے۔ یہ راگ ہم پھر چھیڑیں گے اور اس راگ کو جو نام آپ چاہیں دے دیں۔ راگ درباری راگ سرکاری۔ راگ عوامی۔

ہم تو صرف یہ چاہتے ہیں کہ ظلِ الٰہی۔ ہمارا آپ کا بادشاہ خدا کا سایہ ہی کہلاتا تھا۔ اب بادشاہت تو گئی سات سمندر پار گوروں کے ساتھ مگر خدا اتنا بھی ظالم نہیں کہ ہمیں بالکل ہی بے سایہ کردے۔ کوئی نہ کوئی، کسی نہ کسی قسم کا تنبو

(سوراخوں بھرا ہی سہی۔!) تو ہمارے نصیب میں ہوگا ہی۔

اور پردھان منتری دیش کے بادشاہ سے کیا کم ہیں (صدر جمہوریہ سے معذرت کے ساتھ۔!) سو ہم انھیں ظلِ الٰہی جانے لیتے ہیں۔ تو ظلِ الٰہی ہم تو اس وقت صرف اتنا سا کرم آپ سے چاہتے ہیں کہ آپ اس خط کو پڑھ لیں۔

خیر۔ آپ تو کیا پڑھیں گے۔ ویسے ماہر آپ ہر زبان کے ہیں۔ کیا اردو، کیا انگریزی، کیا ہندی، کیا تیلگو۔ اور کیا دلوں دماغوں کی آنکھوں کی، مگر آپ کے پاس بے زبانوں کی زبان کے لئے وقت کہاں۔

آپ نہ پڑھیں۔ آپ کا اتنا لمبا چوڑا عملہ پڑھ لے۔ اگر وہ بھی آپ ہی کی طرح مصروف ہے اور اسے بھی وقت کی کمی کی شکایت ہے تو C.B.I ہی پڑھ لے۔

کہ وہ تو اس کام کے لئے تعینات ہے۔

لیکن شاید وہ بھی نہ پڑھے کہ ہمارے یہاں کا دستور یہی ہے کہ جو جس کام کی تنخواہ پاتا ہے، وہ وہی کام نہیں کرتا۔

C.B.I کی مجبوری کو ہم بھی سمجھتے ہیں۔ اس کے ذمے تو بم گولوں، ملکوں ملکوں اور اربوں کھربوں کے گھپلوں کی انکوائری ہے۔ پھر ہر روز کا ایک اغوا اور ہر دوسرے دن کا ایک اہم قتل۔ یہ الگ۔

یہ سارے الجھاوے تو وہ سلجھا ہی نہیں سکتے۔ لہٰذا انھیں تو Pendoras'box کی طرح سے بند ہی رہنے دینا چاہئے۔ اور ''سب ٹھیک'' ہے کی رپورٹ بھیج دینا چاہئے لیکن کبھی کبھی کوئی چھوٹا موٹا کام بھی کر ہی لینا چاہئے۔ اپنے زندہ ہونے کے ثبوت کے طور پر۔ تو اسی کے نتیجے میں ہمارا یہ بے ضرر سا کھلا خط ہی پڑھ لے اور موقع ملے تو ظلِ الٰہی یا ان کے حوالی موالیوں تک ہمارا پیغام پہنچا دے۔

ہاں صاحب ہمارا خط۔ کھلا ....اس کا مضمون کچھ اس طرح ہوگا

کہ مانیہ پردھان منتری جی نے ہمارے شہر نہ آنے کا فیصلہ کیا ہے یا شاید کرنے والے ہیں (اڑتی اڑاتی خبر زبانی طیور کی) تو اس سلسلے میں ہماری اور ہم جیسے لاکھوں بے کس، بے بس اور مجبور لوگوں کی التجا ہے کہ وہ خدارا اپنے اس فیصلے پر قائم رہیں اور کسی ہائی کمان کے بہکاوے میں نہ آئیں۔

چند لمحے ہم فضول اور غیر اہم شہریوں کے درمیان گزار کر آپ کیا کرلیں گے۔ نہ ہمارا بھلا نہ آپ کا۔

نہ کسی زخم کا مرہم حضور کے پاس ہے نہ کسی درد کی دوا اور درد کی دوا ابن مریم کے پاس تک تو تھی نہیں۔

ابن مریم ہوا کرے کوئی
میرے دُکھ کی دوا کرے کوئی
(غالبؔ)

دیگر احوال یہ ہے کہ اب تو زخم بھی مندمل ہو گئے کہ وقت سب سے بڑا مرہم ہے۔ خدا اور مانیہ پردھان منتری سے بھی۔

آپ کی آمد کہیں نئے زخموں کو اپنے ساتھ نہ لے آئے کہ حضور کے جلو میں تو ایک جلوس ہوتا ہے۔

کون کون اور کیا کیا اس جلوس میں کہاں کہاں سے شامل ہو جائے اس کی کسے خبر۔

یوں آپ آئیں۔ دیدہ و دل فرش راہ بلکہ ہم تو آپ کے ایسے عاشق ہیں کہ۔

جہاں تیرا نقشِ قدم دیکھتے ہیں
خیاباں خیاباں ارم دیکھتے ہیں

خط ہمارا یہیں ختم نہیں ہوتا۔ یہ تو پہلی قسط ہے۔ ہم تو آپ کی خدمت

میں یہ عرض کرنا چاہتے ہیں کہ ہمارے ہی شہر نہیں بلکہ آپ تو کہیں بھی جانے کی زحمت نہ کریں۔ جسے غرض ہوگی آپ کے درِ دولت پہ حاضری دے گا۔

خیر کامیابی بازیابی تو اسے وہاں بھی حاصل نہیں ہوگی اور وہ بقول غالب ''خاک ہو جائیں گے ہم تم کو خبر ہونے تک'' کی تصویر تفسیر بن کے رہ جائے گا۔ پھر بھی سوال یہی ہے کہ آپ کیوں جائیں۔ پیاسا کنویں کے پاس جاتا ہے، کنواں پیاسے کے پاس نہیں۔

اب یہ کون جانتا ہے کہ کنواں کتنا بھرا ہے اور کتنا خشک۔ بہر حال کنواں تو ہے۔ جس میں ہم اپنے تمام دکھ ڈال سکتے ہیں۔ اور حضور آپ اور آپ کی پوری کابینہ سیکڑوں ہزاروں اسکیموں کے ڈول ڈالتے جایئے اور ہمارے دکھ نکال نکال کے ان کی پردرشنی لگائیے۔ کسی پرگتی میدان میں۔ کہ حل ان کا ممکن نہیں۔ کم از کم اس صدی اور اس جنم میں تو نہیں گو صدی بھی مختصر ہے اور جنم بھی۔

"Pendoras'box"(وہ تصوراتی طلسماتی بکس جس میں دنیا بھر کی بلائیں بند ہیں اور جس کا بند رکھنا ہی امن چین کے لئے مناسب ہے۔)

☆☆☆

بھیگے برسات میں

سنا ہے کہ جب گیدڑ کی شامت آتی تھی تو وہ شہر کا رخ کرتا تھا۔ اب جنگل ہی نہ رہے تو کہاں گیدڑ۔ سب کے سب شہر آ گئے ہیں اور حلیے بدل بدل کر ٹھاٹ سے زندگی گذار رہے ہیں۔

اور جب ہماری شامت آئی ہے تو ہم بھی اپنے گھر کے چین وسکون کو چھوڑ کر ادھر ادھر کا رخ کرتے ہیں چلتے چلاتے اب کے ہم پہنچ گئے عروس البلاد۔ شہروں کا شہر۔ ستاروں کا شہر۔ دھماکوں کا شہر، خوابوں کا شہر اور خرابوں کا شہر۔ یعنی بمبئی آپ کہیں گے بمبئی کو تو ہم ہر لمحہ دیکھتے ہیں یہیں جیتے ہیں مر مر کے اور یہیں مرتے ہیں ہنس ہنس کے۔ آپ ہمیں بمبئی کیا دکھائیں گی اور کس آئینے میں۔ مگر حضور ہم تو موسم کے مارے ہوئے ہیں۔ ایک آدھ ضرب تو آپ کو بھی سہنی ہی پڑے گی۔ بمبئی کی ہم نے سردیاں دیکھیں کہ جسے سردیاں کہنا تو دور کی بات سردی کہنے میں بھی تکلف ہوتا ہے۔ بہر حال اس موسم میں ہم خوش ہوئے کہ سفر میں نہ سوئٹر کوٹ لاد کے لانے پڑے نہ کمبل لحاف، موسم کی لاج رکھنے کی خاطر ایک آدھ ہلکا سا شال ڈال لیا تو راوی نے چین لکھ دیا۔

بمبئی کی گرما گرمی بھی دیکھی۔ پسینے سے حال بے حال۔ کپڑے وبال جان لیکن پنکھے کولر اور قسم قسم کے کولڈ ڈرنکس کے سہارے ساری سختیاں سہار گئے۔

مگر جو کبھی نہ دیکھی تھی وہ تھی بمبئی کی برسات۔ اس موسم سے رنگینیاں وابستہ تھیں سب ان دو دنوں میں دھل گئیں۔ جو سہانا پن تھا وہ چڑھتی نالیوں میں بہہ

گیا۔ آپ کہیں گے بارش میں گھر سے نکلنے کی ضرورت ہی کیا تھی جہاں تھیں وہیں تھمی جمی رہتیں۔ جھروکے سے جھانکتیں۔ دریچے سے دیکھتیں۔ ہواؤں کے گیت اور بوندوں کا سنگیت سنتیں اور نظیر اکبرآبادی کا شعر کہ ''کیا کیا مچی ہیں یاروں برسات کی بہاریں'' تو عرض یہ ہے کہ جب بمبئی والے ایسے موسم میں گھر نہیں بیٹھ سکتے تو مسافروں کی قسمت میں چین کہاں.....؟ بمبئی کی کون سی کشش تھی کہ جو ہماری گاڑی کو ٹھیک وقت پر بلکہ دس پندرہ سیکنڈ پہلے ہی اسٹیشن پر لے آئی۔ آنکھ ملتے ہوئے اٹھے اور جو پہلا قلی نظر آیا اسے سامان تھما دیا عالم نیم خوابی میں یہ بھی یاد نہ رہا ہلکا پھلکا ایر بیگ اس مقصد خاص کے لئے خریدا گیا تھا کہ قلی ہمارا سامان اٹھانے کی زحمت اور ہم اس کا احسان اٹھانے کی زحمت سے بچ جائیں۔

خیر تو اس نے جو پہلی ٹیکسی اس کے ہاتھ آئی اس میں اکلوتا بیگ پٹکا اور ٹیکسی فراٹے بھرنے لگی۔ پتہ ٹیکسی والے کو اپنی معلومات کے مطابق سمجھا دیا۔ اس نے اپنی عقل کے مطابق سمجھ لیا۔ لیکن دونوں کے درمیان ترسیل کے کچھ ایسے مسائل آ گئے۔ اور اس پر برکھا بہار کہ پورے ۳۵ منٹ تک وہ جائے مخصوص کا طواف کرتے رہے مگر منزل تک نہ پہنچے اور راہ میں کوئی راہبر نہ ملا کہ بارش جو لحہ بہ لحہ در پردہ چڑھتے سورج کے ساتھ تیز ہوتی جا رہی تھی اس میں بھلا کون Morning Walk کے لئے نکلتا۔

جب بھٹکتے بھٹکاتے منزل مقصود تک پہنچے تو جو کرایہ انھوں نے ہم سے طلب کیا اس سے ہماری نیند معہ ہوش کے اڑ گئی۔ ہم نے کہا ''حضور کیا دادر سے باندرہ کے اس محلے کی اس گلی کا فاصلہ بھوپال سے بمبئی تک کے فاصلے سے زیادہ ہے؟ کہ ریل کا ٹکٹ ہم نے اس سے کچھ کم میں لیا تھا۔ (نذر نذرانے کے بعد بھی!)

''یہ اپن کو نہیں معلوم.......اپنا میٹر دیکھ لو.....اور یہ رہا نیا چارٹ''

بارش میں ہمیں ان کا میٹر ہی دکھائی نہ دیا تو پھر چارٹ کیا دیکھتے۔!

دو دن بارش اور میٹنگ میں کی جانے والی تقاریر میں مقابلہ ہوتا رہا کہ کون زیادہ دھواں دھار ہے۔ دونوں کا پلڑا شور وغل اور شدت مدت میں برابری کا ہی رہا۔

کانفرنس دوسری شام ختم ہوگئی۔ خیال ہوا کہ اب بارش بھی مقابلے اور معاملے کو ختم سمجھ کر میدان سے ہٹ جائے گی۔ لیکن وہ فتح کے نقارے رات بھر بجاتی رہی اور دن میں دھن شیک اور بریک میوزک کی طرح عروج پر پہنچ گئی ایک جائے امان کو چھوڑ کر دوسری جائے پناہ تک جانا تھا جس کا جغرافیائی فاصلہ میلوں سے کم نہ تھا ۔ باندرہ سے جوگیشوری۔ ہم یہ تو نہیں جانتے کہ دادرہ اور راگ جوگیشوری میں کوئی تعلق ہے یا نہیں لیکن دونوں علاقے ایک دوسرے سے اتنے بے تعلق ہیں کہ کوئی آٹو رکشا اس طرف جانے کے لئے حامی نہ بھرتا تھا۔ ہم ایر بیگ سر پر رکھے ہر تیز رو کے پیچھے بھاگتے ۔ اور جب وہ بغیر رکے یا انکار کر کے چلا جاتا تو پھر رک جاتے تھوڑی دیر بعد ہمیں یہ لگنے لگا کہ اگر یہی عالم رہا تو ہم پیدل پیدل ہی جوگیشوری پہنچ جائیں گے۔ سر سے پیر تک پانی میں شرابور تو ویسے ہی ہو چکے تھے۔

خیر ہمارے حال حلیئے پر ایک رکشے کو رحم آیا اور اس نے ہمیں لفٹ دے دی۔ یہ راز تو بعد میں کھلا کہ اس کے رکشے کی چھت کچھ کھلے آسمان سے کم کھلی نہ تھی۔ اور یہ کہ دوسرے رکشوں نے ہمیں جس طرح بٹھانے سے انکار کر دیا تھا اسی طرح دیگر سواریوں نے اس کے رکشے میں بیٹھنے سے منع کر دیا تھا۔

اس رکشے کی چھت میں سوراخ نہیں بلکہ روشن دان تھے اور دائیں بائیں کے پردوں کی بے پردگی کا وہی عالم تھا جو کسی گز دوں کپڑے میں لپٹی کیبرے ڈانسر کا ہوتا ہے۔ یعنی ”ہر چند کہیں کہ ہے مگر نہیں ہے۔ لہٰذا پردے کے مت فریب میں آجائیو اسد“ تیز ہواؤں کے چکر سے رکشے کا رخ اکثر آگے کے بجائے پیچھے کی طرف ہو ہو جاتا۔ کبھی وہ دائیں طرف ڈولتا کبھی بائیں طرف۔ بس یہ لگ رہا تھا کہ

ایک ٹوٹی پھوٹی کشتی ہے جو دریا بیچ تیر رہی ہے اور بھنور اور چڑھتے دھارے میں بس ڈوبنے والی ہے۔ جی ہاں اس عرصے میں ہر راہ گنذرندی نالے میں تبدیل ہو چکی تھی جس کا پانی خطرے کے نشان سے اوپر ہو چکا تھا۔ غالباً اسی پس منظر میں یہ گیت عالم وجود میں آیا ہوگا۔ ''ندی نالے نہ جاؤ شام پیاں پڑوں''

جان جوکھم میں ڈال کچھ اور آگے بڑھے۔ پھر بغیر بریک کے گاڑی رک گئی۔ ناخدا نے اطلاع دی کہ انجن میں پانی بھر گیا ہے۔ آگے نہیں جاسکتے۔ ہمارا جی چاہا کہہ دیں ''میاں آگے جا ہی کب رہے تھے۔ وہ تو صرف میٹر کے گھومنے سے آپ اس خوش فہمی میں مبتلا تھے۔'' اتنا تو پھر بھی ہم نے عرض کر ہی دیا کہ ''بھیا وقت آخر ہے کچھ دعا درود یاد ہو تو پڑھ لو۔

ہمارے اس جذبۂ ہمدردی سے وہ بہت خوش ہوئے اور لگے زور زور سے کچھ پڑھنے کہ خدا تک آواز پہنچانا بھی تو آسان نہ تھا۔ بہر حال انھوں نے کیا کہا اور خدا نے کیا سنا لیکن اتنا ضرور ہوا کہ کسی طرح گاڑی چل پڑی اور غرق دریا ہونے سے پہلے گھر کے اس دروازے تک پہنچا دیا جس کو گلی کے بہہ بہہ کے آئے کچرے نے آدھے سے زیادہ بند کر دیا تھا۔

بارش اب بھی جاری ہے لہٰذا حادثات وحوادث کی بقیہ داستان آئندہ!

☆☆☆

اُڑنا اُڑانا

چلتے چلتے کبھی کبھی اڑنے کی سوجھتی ہے۔خود نہ اُڑیں تو دوسروں کو اڑاتے ہیں۔

پہلے چٹکیوں میں اڑایا جاتا تھا اور خیالوں اور خوابوں میں اڑایا جاتا تھا۔ مگر اب اڑانے کے لئے بھارتیہ ادیوگ سنگھ نے دستی بم، اور اب اڑنے کے لئے چھوٹے بڑے بھائیوں (SAM) نے ہیلی کاپٹر اور ایئر بس (AIRBUS) وغیرہ وغیرہ مہیا کر دیئے ہیں اڑنے کی بات پھر کبھی (حسب معمول وعدہ فردا) اس وقت تو اڑانیں بھرنے کے مزے لوٹیں۔ جھٹکے دونوں میں لگتے ہیں۔اور جان کا خطرہ دونوں میں ہے۔فرق صرف اتنا ہے کہ چٹکیوں کے جھٹکے دوسروں کی جان لے لیتے ہیں۔ اور ہوائی جہاز کے آپ کی.....! وہ بھی اس تیزی سے کہ جس کے بعد آپ کو حضرتِ مجروح سلطان پوری کا یہ شعر پڑھنے یا اس پہ سر دُھننے کی بھی مہلت نہیں مل سکتی۔شعر آپ ہم سے سن لیجئے۔اسے پڑھنا نہ پڑھنا۔اور اس کی داد دینا، سر ہلانا پیر تھرکانا آپ کے اختیار اور نصیب کی بات ہے

تو شعر عرض ہے۔شعر کیا بلکہ مصرعہ

یہ نہ سمجھنا ہم کو ہوا ہے جان کا نقصاں تم سے زیادہ

خیر۔تو ہم جا رہے تھے ہوائی اڈے کی طرف۔مانگے تانگے کی گاڑی میں۔جسے چلا رہے تھے تیسرے صاحب بس مالِ مفت دلِ بے رحم والا معاملہ اور منظر تھا یا شاید ایسا ہی ہوتا ہو کہ ہوائی اڈے کی سمت رخ کرتے ہی ہر ایک کی رفتار

ہوائی ہو جاتی ہو.........!

تو ہم نے اپنے علاوہ ایک سائیکل سوار کو بھی رفتار پکڑتے دیکھا۔اللہ کی شان پہ تو نہیں اس سوار کی آن بان اور ہمت پہ داد دینے کو جی چاہا۔

آپ حیران ہو رہے ہوں گے کہ وہ کیسے اڑانیں بھر سکتا ہے۔؟حضور وہ سائیکل کے ساتھ اپنی عقل بھی دوڑا رہا تھا۔(عقل کی اسی میدان کی دوڑ کی کامیاب ترین زندہ مثال عزت مآب عالی جناب ہرشد مہتا ہیں.....!)اور کہا عقل نے کہ تھام لے کسی کا ہاتھ۔ لے کسی کا سہارا ظاہر ہے آج کل تنکے کا سہارا تو لیا جاتا نہیں۔ سارے تنکے ادھر ادھر مارے مارے پھر رہے ہیں۔نا کسی کمزور کا ہاتھ تھاما جاتا ہے کمزور ہاتھ تھامنے سے عاقبت سنورتی ہو تو سنورتی ہو۔دنیا تو آپ کی جیسی تھی ویسی ہی رہے گی۔ بلکہ الٹا نقصان کا خدشہ اور ہے کہ کمزور اپنے آپ کو بھی لے ڈوبے گا۔(کہاں،کیسے،کب،یہ پھر کبھی۔)

تو ہمارے سائیکل سوار نے ایک اسکوٹر کی اسٹپنی پکڑ رکھی تھی اور بغیر پیڈل مارے یعنی بغیر محنت وزحمت کے اسکوٹر کی رفتار سے چل رہا تھا۔

ہم نے اس کی دوڑتی بھاگتی عقل کی داد دی اور اپنی راہ پر چل پڑے کہ لمحہ بھر میں فلسفۂ حیات جدید ہماری عقل قدیم میں سما گیا۔

☆☆☆

لِفٹ ملی ہمیں

لفٹ تو چیز ایسی ہے کہ کریلے کے بھی ہاتھ آجائے تو اسے ہرگز نہ چھوڑے اور لپک جھپک نیم پہ چڑھ جائے اور پھر ہر ایک کے منہ کا مزہ بدلتا مزاج درست کرتا پھرے۔ جانے کتنے رنگ ہیں اس کے۔ جانے کتنی قسمیں۔

خیر ایک تو لفٹ وہ نیم جاں شکستوں سے چور ہے جو اپنی ہی طرح کی ناتواں بلڈنگوں میں محض برائے تشفی تسلی لگی ہوتی ہے۔ اور دوسری وہ جس میں داخل ہوتے ہی اور بٹن پر ہاتھ رکھتے ہی سب کچھ آپ کے اختیار سے باہر ہو جاتا ہے۔ اس کی رفتار بھی۔ اور آپ کی جان بھی۔ اور آپ غالب کے اس شعر کی تفسیر بنے لٹکے رہتے ہیں۔

رو میں ہے رخشِ عمر کہاں دیکھیئے تھمے
نے ہاتھ باگ پر ہے نہ پا ہے رکاب میں

اور ایک لفٹ ہے جو راستے پہ کھڑے ہو کر مانگی جاتی ہے کہ ''ہمارا زخمی لب دم ہے خدارا گاڑی روکئے۔'' مگر گاڑی میں فراٹے بھرنے والا یہ فیصلہ نہیں کر پاتا کہ گاڑی روکنے کے بعد کہیں وہ خود 'لب دَم' تو نہ ہو جائے گا......!

لفٹ ادائے ناز و دلنواز پہ بھی ملتی ہے اور ایسی کہ ذرے کو آفتاب بنا دے........!

قسمت کی نہ پوچھیئے۔ اس کی کمان ہر وقت چڑھی رہتی ہے اور دستِ مبارک میں تیرِ نیم کش تیار اور بندھی ہے آنکھوں پہ پٹی۔ جب چاہا چلا دیا تیر۔ لیکن

یہ بات آج تک عقل ناقص میں آئی نہیں کہ بغیر دیکھے بھی نشانہ بنتے ہیں ہم جیسے بے کس بے سہارا کمزور۔ البتہ سنا ہے کہ جن کے پاس نظر نہیں ہوتی ان کے پاس عقل ہوتی ہے۔

تو قسمت کا تیر ہمیں نیم جاں کر گیا لفٹ کی شکل میں۔ وہ لفٹ جو ایک فنکشن کے خاتمے پر گھر آنے کے لئے ہمیں ملی۔

یہ تو سب کے علم میں ہے ہی کہ جیسے جیسے نظام عالم تہہ و بالا ہوتا جا رہا ہے ویسے ویسے دنیا میں بھاگ دوڑ ہنگامہ بازی بڑھتی جا رہی ہے۔ اس ہنگامہ خیزی میں ''کانفرنس بازی'' سب سے بازی لے گئی ہے۔ ہفتے کی ابتدا کانفرنس سے ہوتی ہے۔ ہفتے کا خاتمہ کانفرنس سے ہوتا ہے۔ علی الصبح نور کے تڑکے علماء کی کانفرنس۔ ایک پہر دن چڑھے شرفاء کی کانفرنس دو پہر کو خواتین کی کانفرنس۔ تیسرے پہر بچوں کی۔ چوتھے پہر بالغوں کی۔ رات ڈھلے رقص و موسیقی کی.......!

اور جو نعرے بازی دھکا مکی والی میٹنگیں ہیں ان کا تو کوئی وقت ہے نہیں۔ خیر صاحب ایک جگہ مارے باندھے قہراً جبراً ہم بھی گئے۔

فاصلہ اتنا زیادہ تھا کہ یک طرفہ سفر میں ہی جیب کے کٹنے اور دن میں لٹنے کا یقین ہو گیا۔ واپسی کے لئے محلہ پڑوس سے حق ہمسائیگی کے متمنی تھے۔ اس معیار پر وہ پورے اور کھرے اترے رخصتی چائے کی پہلی چسکی کے ساتھ بڑی راز داری سے آ کر کان کے قریب منہ لے جا کر کہا........ میں آپ کو لے چلوں گا۔ کیا کریں بیچارے سبکدوش وائس چانسلر ہیں۔ ہر کام میں احتیاط اور راز داری برتتے ہیں کہ ہر گام پہ خطرہ وہ بھی جان لیوا محسوس کرتے ہیں۔

موسم سہانا تو ہو ہی رہا تھا۔ آپ کے اعلان پر آسمان سے داد و تحسین کے ڈونگرے برسنے لگے۔

ہم بے فکر ہو کر گپ بازی کر رہے تھے کہ آپ پھر تشریف لائے .... اور

ایفائے عہد کی تجدید کی.....دیکھئے لے تو میں آپ کو چلوں گا۔لیکن آپ کو ایک کام کرنا ہوگا۔

کرایہ کسی نہ کسی شکل میں تو دینا ہی پڑتا ہے.....!ہم سمجھے شاید وہ اپنی بیگم کے لئے شہر کی سب سے بڑی اور سب سے اچھی ستاروں بھری ہوٹل کے شہرت یافتہ سات پرتوں والے سینڈوچ لے جانا چاہتے ہیں ۔ اور ہمارا بڑا پرس ان کی نظروں میں سما چکا تھا۔خیر ایک آدھ سینڈوچ کا پار کرلینا کونسی بڑی بات تھی ۔اور پھر اس پر حق مالکانہ بھی بنتا تھا کہ ہمیں ایک زوردار لنچ پہ جانا تھا۔لہٰذا منتظمین کے لاکھ ورغلانے پر ہم نے ابھی تک نہ سینڈوچ کو ہاتھ لگایا تھا نہ سموسوں کو۔حتیٰ کہ چائے تک سے اپنی توبہ پہ قائم تھے۔

اب ان سے کہیں گے کہ اچھا اگر آپ اتنا ہی اصرار کرتے ہیں اور ان کی تعریف میں زمین آسمان ایک کئے دے رہے ہیں تو لائیے شام کو اطمینان سے انھیں چکھیں گے، بلکہ محلہ پڑوس کو بھی اس تقریب میں شامل کرلیں گے ۔اور آپ کے ذوق کی داد دے کر ہوٹل کو ایک سرٹیفیکٹ عطا کردیں گے ۔کہ یہ سند آپ دونوں کے مستقبل کو روشن کرنے میں کامیاب ہوگی۔

''لہٰذا ہم نے اطمینان سے کہا.....''ہاں ہاں ! کیوں نہیں ، دو سینڈوچ بھابی کے لئے پیک کروانے ہیں نا،ابھی لیجئے.........''

اور ہم لپکے سینڈوچ کی پہاڑیا کی طرف جو بڑی تیزی سے سطح میز کی جانب بڑھ رہی تھی۔

''ارے نہیں........سینڈوچ کا کیا ہوگا۔''

''بھابی کھائیں گی۔ویسے آج کی میٹنگ میں انھیں بھی آنا چاہئے تھا........''

ہماری اس روسے جو بے راہ روی کی طرف تیزی سے رواں تھی وہ خاصے پریشان ہوگئے۔

انھیں تو پروفیسروی سی وہ بھی عہد پارینہ کے ہونے کی بنا پر عادت تھی کہ
ہم کہیں اور سنا کرے کوئی
خود ہماری یہی کمزوری تھی۔ خیر ان کے تیور دیکھ کر ہم سمجھ گئے کہ ہماری عقل میں کچھ پھیر پیدا ہو چکا ہے فوراً بریک لگایا۔اور کہا......
''خیر سینڈوچ نہ سہی بتائیے ہمیں کرنا کیا ہے......''
آپ دیکھ رہی ہیں بارش کتنے زور کی ہو رہی ہے۔
اندر کے شور وغل میں بارش کا سنگیت نقار خانے میں طوطی کی آواز ثابت ہو رہا تھا۔اب ہم نے جو شیشے کے درو دیوار کے پار نظر ڈالی تو موسم کی ہنگامہ خیزی کا اندازہ ہوا۔لیکن ذرا دیر پہلے تو آسمان صاف تھا۔لیجئے ساری عمر اردو شاعری پڑھائی تب بھی آسمان کے مزاج کو نہیں سمجھیں اور اب بھی بھروسہ کئے بیٹھی ہیں۔انھوں نے اپنی اردو دانی کا ثبوت دیا۔کہ لاکھ وہ اکنومکس کے پروفیسر سہی تھے تو لکھنوی۔الہٰ آبادی۔کانپوری۔بناری۔
ارے صاحب یہ ناسمجھی اور بے وقوفی ہی تو ہماری سب سے بڑی Qualification ہے۔اس کا رونا اب کیا روئیں۔
سفینہ جب کہ کنارے پہ آلگا غالب
''خیر بارش کم ہو جائے گی تب چلیں گے۔'' مگر ہمیں پھر وہ اہم کام یاد آیا جس کی ذمہ داری سابق V,C ہمیں سونپنے والے تھے۔
''دیکھئے بات یہ ہے کہ بارش کم بھی ہو جائے تب بھی چلنا مشکل ہے۔''
ہم سمجھے انھیں نئے منتخبہ سکریٹری صاحب اپنے گھر لنچ کے لئے مدعو کر رہے ہیں اور وہ عین وقت پر ہمیں دغا دے رہے ہیں۔
ہمارے غصے کو بھانپ کر انھوں نے اپنے فطری پرسکون انداز میں سمجھانے کی کوشش کی۔

دیکھئے میری گاڑی کا وائپر خراب ہے۔ اب آپ یہ کیجئے کہ کسی ایسے آدمی کو تلاش کیجئے جو وائپر ٹھیک کر سکتا ہو۔

لیجئے اب یہاں میکانک ملنے سے تو رہا۔

گھر تک پہنچانے کی اتنی کڑی شرط ....استعفٰی میرا بصد حسرت ویاس۔ جی میں آیا کہہ دیں ہمیں آپ کی گاڑی میں نہیں جانا۔ گھر تک نہ سہی کہیں نہ کہیں تک کوئی نہ کوئی تو جا ہی رہا ہوگا۔ آگے سے ہم آٹو رکشہ لے لیں گے۔

مگر انھیں اس سنکٹ میں اکیلے بے یار و مددگار اللہ کے حوالے کرنا بھی مناسب نہیں۔ وفاداری بشرط استواری۔

''دیکھئے اتنے سارے ڈرائیور بیٹھے ہیں۔ کسی کے پاس ایک پیچ کس ہو تو وہ ٹھیک ہو جائے گا۔ ذرا سا ڈھیلا ہو گیا ہے۔''

ہم پورچ میں نکلے۔ ڈرائیور حضرات کی نجی محفل جمی تھی۔ اس پہ شب خوں مارا۔ انھوں نے انکشاف کیا کہ وہ چوکیدار چپراسی ہیں، ڈرائیور نہیں۔

دو چار مالکوں سے رابطہ قائم کیا۔ کہ آج کل مالک ہی تھری ان ون ہوتے ہیں۔ مالک بھی۔ ڈرائیور بھی اور میکانک بھی۔ انھوں نے اس فن اور ہاتھ کی صفائی سے انکار کیا۔

مگر ایک صاحب تیر بہدف ترکیب بتائی کہ سگریٹ کی تمباکو کو شیشے پہ مل دیا جائے تو پانی رکتا نہیں۔

تھوڑی سی کوشش تمباکو کی تلاش وحصول میں کی مگر کامیابی نہیں ہوئی۔ لوگ شک وشبہ میں الگ پڑ گئے۔ اور طلب کریں عورتیں برابری کے حقوق؟

ہم جانتے تھے کہ لفٹ میں اتنی ہمیں مہنگی پڑتی ہے۔ مگر کیا کریں غلطی بار بار کر بیٹھتے ہیں۔ دودھ سے جل جل کے چھالے پڑ چکے ہیں۔ ایک اسکرو ڈرائیور کی ہمارے دماغ کو بھی تو ضرورت ہے۔

بارش ہلکی ہو چکی تھی۔ لیکن پوری طرح تھمی نہیں۔ہال خالی ہونے لگا۔لق ودق بلڈنگ ویسے ہی چھٹی کی وجہ سے ویران سنسان تھی۔

ہم سے زیادہ وہ خوفزدہ نظر آرہے تھے۔فرمایا.......... ''کم ہوگئی بارش.......چلیں.......''

''چلئے'' ہم نے چہک مہک کے کہا۔

''مگر وائپر.......''

انھیں وائپر اور اس پر ہمیں غالبؔ کا شعر یاد آیا کہ ؎

دم لیا تھا نہ قیامت نے ہنوز
پھر ترا وقتِ سفر یاد آیا

جب بارش رک ہی چکی ہے تو وائپر کی ضرورت کیوں........ ہاں یہ تو ہے.......لیکن اگر پھر شروع ہوگئی تو بادل تو چھائے ہی ہیں۔ جی میں آیا کہہ دیں یہ نظام قدرت ہے۔ان کا سابقہ آفس نہیں کہ بٹن دباتے ہی اندھیرا غائب روشنی حاضر.......

''آپ چلئے تو'' ہم نے ہمت بندھائی'' ہاں چلنا تو پڑے گا ہی....''

ان کی پریشانی دیکھ کر دو ایک نوجوانوں نے اندر باہر سے شیشہ صاف کیا۔ اور ڈھیر سارے پیپر نیپکن پکڑا دیئے کہ رستے کی ہر بلا سے محفوظ رہیں۔

گاڑی میں بیٹھتے ہی ہم سے اسی رازداری سے پوچھا۔شیشے کے آر پار صاف دکھائی دے رہا ہے۔ہم نے 50% سچ سے کام لیتے ہوئے جواب دیا۔ بالکل بالکل،

انھوں نے قدرے اطمینان سے گاڑی اسٹارٹ کی اور گیٹ کے باہر نکلتے ہی پھر وہی سوال دہرایا۔آپ کو سڑک نظر آرہی ہے۔ہم ٹھیک چل رہے ہیں نا۔ سڑک تو ہمیں نظر آرہی تھی۔لیکن اپنے حصے کی.....یعنی آدھی۔اور گاڑی

چلا رہے تھے وہ۔ان کے راستے پہ ہم کیسے بلا بول سکتے تھے۔ پھر بھی گردن اونچی کر کے دائیں بائیں دیکھ ہی لیا" بالکل صحیح چال رہے ہیں۔"

چھٹی کا دن۔کھانے کے بعد آرام یعنی قیلولے کا وقت اور پھر بارش ابھی تو تھمی تھی .... لہٰذا سڑک تقریباً سونی تھی حتیٰ کہ Public Killer buses بھی بند تھیں۔

وہ بھی ترنگ میں آ گئے اور چیونٹی کے بجائے کچھوے کی چال چلنے لگے۔ بار بار ہم سے راہِ مستقیم کی گواہی لیتے قسم کھلواتے۔اب ہم ان سے کیا کہتے کہ زندگی میں کبھی سیدھا راستہ ہم نے اپنایا کہ ان کی رہنمائی کریں گے۔اور یہاں چشم ونظر کا یہ عالم کہ آنکھ ہے مگر نظر نہیں۔پھر بھی لفٹ لیتے دیتے ہم خیر و عافیت سے گھر پہنچ گئے۔

☆☆☆

ہیرا پھیری

دعا کا رخ تو کبھی کبھی بہت اہم شخصیتوں کی طرف بھی ہو جاتا ہے۔ حالانکہ ہم اچھی طرح جانتے ہیں کہ انھیں ہماری دعا کی ضرورت ہے نا ہماری دعا میں اثر ہے مگر خوش فہمی بھی کوئی چیز ہے کہ ہم جیسے اسی کے سہارے کچھ دن زندہ رہ لیتے ہیں۔ ورنہ ہمارے چاروں طرف وہ گھور اندھیرا ہے اور تیز تلوار، کٹار، بندوق اور بم کے چلنے کی وہ کان پڑی آوازیں ہیں کہ نہ کچھ دکھائی دیتا ہے نہ سنائی۔ لہٰذا ہم چلتے ہوئے بھی رُکے ہوئے تھے کان کے ہوتے ہوئے بھی بہرے بنے تھے۔ کوشش کریں گے کہ ان امراض کے حملوں کو روک دیا جائے کہ دیگر امراض ان سے بھی زیادہ سخت اور جان لیوا ہوں گے۔

تو ہم دعا گو ہیں ہمارے مانیہ اور آدرنیہ پردھان منتری ارتھات وزیر اعظم کے حق میں۔ وائے بر زبان اردو کہ اس کی تعلیم آج کل ہندی میڈیم کے ذریعہ ہوتی ہے۔

ہاں تو ہمارے وزیروں کے وزیر صاحب نے بڑے جوش اور بڑے افسوس سے فرمایا کہ ٹنوں بلکہ ٹرکوں سونے کی ہیرا پھیری ہمیں فارن ایکس چینج کی وجہ سے کرنی پڑی اور روپیہ بھی اسی وجہ سے گرانا پڑا۔

اے حضور روپیہ کی فکر آپ نہ کیجئے۔ اس کا گرنا کیا اور اٹھنا کیا ذرا سا تو ہے کمبخت۔ قیمت کی بات تو رہی الگ جسامت بھی تو دیکھئے۔ گھل

گھلا کے سوکھ سا کھ کے اٹھنی کے برابر بھی نہ رہا کوئی ملکہ وکٹوریا کا زمانہ تو ہے نہیں کہ خوبصورت بنانے والے کارخانے یعنی بیوٹی پارلر سے نکلی خاتون کے چہرے کی طرح چمکتا دمکتا ہو۔ جسے دیکھ کر ہی ایرے غیرے بلکہ غیرے غیرے تک کہہ اٹھیں کہ۔ ہاں صاحب۔ ہے کسی خوشحال ملک کا سکہ......!''

کھاتا پیتا نہیں کہوں گی۔ کہ کھانے پینے میں تو ہمارا ملک صفِ اول میں جگہ پاتا ہے۔!

لا حول ولا قوۃ..... یہ جھاڑ جھنکار۔ کلی پھندنے۔ یہ اِدھر اُدھر کی باتیں بہت تنگ کرتی ہیں۔ اصل بات سے ہی بھٹکا دیتی ہیں۔ گویا بازو والی گلیوں میں چلتے چلتے انسان اصل راہ ہی بھول جائے۔

غرض یہ کہ روپیہ کو پھسلنے گرنے لڑھکنے دیجئے۔ اس کی فکر آپ نہ کیجئے غریب غربا کو ضرورت ہوئی تو وہ اسے پکڑنے کے لئے جان لڑا دیں گے۔ ان کی جان کا بھی روپیہ کی طرح ڈی ویلیویشن devaluation ہو چکا ہے اور ہر لمحہ ہوتا ہی جارہا ہے۔ گویا مقابلہ دو پہلوانوں میں نہیں بلکہ دو بیماروں میں ہوگا۔

خیر آپ تو سونا بچایئے........!

لیکن بچایئے گا کیسے........!

آپ سونے کی اسمگلنگ نہیں کریں گے۔ چھوٹے ڈاکو کرتے رہیں گے۔ لیکن آپ کا معاملہ اسمگلنگ کا تھوڑا ہی ہے۔

آپ سونا صرف عزت واحترام کے ساتھ دے رہے ہیں۔ اور وہ چوری چھپے لاتے ہیں۔

تو ایسا نہیں ہوسکتا کہ وہ لاتے رہیں آپ دیتے رہیں۔

دونوں خوش...........!

یہ تو میرا خیال ہے ۔ مجھے اپنی کم علمی اور بے خبری دونوں کا اعتراف ہے۔

آپ نے فرمایا کہ فارن ایکسچینج آپ کو چاہیے ضروری اشیاء در آمد کے لئے مثلاً! تیل، دوائیں، ہتھیار، وغیرہ۔

خیر ہتھیار تو ضروری ہو سکتے ہیں ۔ ورنہ بیچارے آتنک وادی کیا کریں گے ۔ باقی چیزوں کو، ضروری کی فہرست میں نہ ڈالئے وہ دوائیں جو آپ اسپتالوں میں تقسیم کے لئے بھیجتے ہیں ۔ ان کی روداد تو آپ ابھی سن چکے ۔ کہ وہ عام مریضوں تک پہنچتی ہی کب ہیں ۔ اب اگر اس عام آدمی کی نظر میں اپنی جان کی کچھ قیمت اور اہمیت ہے تو وہ حکیم ببّے خان اور وِردل سے رجوع کرے گا ورنہ دربار خدا کی directflight پکڑ لے گا۔

رہے چولہے ۔ تو وہ جلتے ہی کب ہیں ۔ ان پر کچھ چڑھانے پکانے کو ہو تو جلیں ۔ باہر سے تیل نہ آئے گا تو کچھ عورتیں ہی جلنے جلانے سے بچ جائیں گی۔

لیکن فارن ایکسچینج نہ ملا تو ان .V.IPS کا کیا ہوگا جو زکام کے علاج کے لئے اسٹیٹس کے ایکسپرٹس کے پاس جاتے ہیں ۔؟ ان کا زکام ٹھیک نہ ہوا تو ملک کا بیڑا غرق ہو جائے گا۔ (ہزاروں سوراخ تو اس میں پہلے ہی ہو چکے ہیں.....!)

اس بھارتیہ کلچر کا کیا ہوگا جس کی دریافت کے لئے ہمارے چار سو بلکہ چار چار ہزار نمائندوں کے وفد روس، فرانس، چین، جاپان وغیرہ وغیرہ وغیرہ جاتے ہیں۔

خیر یہ کوئی نئی بات نہیں ۔ پیر بھائی علامہ اقبال بھی کہہ چکے ہیں۔

غربت میں جا کے چمکا گمنام تھا وطن میں

اور جب اقبالؔ نے کہا ہے تو ان سے دو ہزار برس قدیم فلسفیوں نے بھی کچھ اسی قسم کے نکتوں کا اظہار کیا ہوگا۔ دنیا کے سارے فلسفیوں میں بڑا تال میل ہوتا ہے۔ چاہے ان میں فاصلہ ہزار دو ہزار میل کا ہو یا ہزار دو ہزار برس کا۔

تو جب تک فارن کا ٹھپہ نہ لگے ہم اپنے آپ کو اور اپنے مال کو پہچانتے ہی نہیں۔

اس کے علاوہ بھی آنا جانا تو لگا ہی رہتا ہے۔ خوشی میں غمی میں۔ دیارِ غیر کے کسی امیرے، وزیرے، کبیرے کا انتقال ہو جائے تو کیا ہم اپنے ملک کے نوحہ خواں اور کندھا دینے والے بھی نہ بھیجیں۔

انھیں دو فنونِ لطیفہ میں تو ہم ماہر ہیں۔ تو فارن ایکسچینج تو چاہئے نا۔ لہٰذا بھیجئے سونا۔

تو مشقِ ناز کر خونِ دو عالم میری گردن پر۔

☆☆☆

لائن میں (پہلی لائن)

اکثر ہماری صبح دوپہر کو ہوا کرتی ہے۔آج بھی قریب قریب یہی کیفیت تھی۔سورج سپر فاسٹ ریل گاڑی کی رفتار سے دوڑتا بھاگتا ، خاص بلندی تک آگیا تھا۔ویسے ہمارا خیال ہے کہ اس میں ہماری کاہلی سے زیادہ سورج کی برق رفتاری کا قصور ہے۔

خیر۔تو ساڑھے دس بجے کا سہانا وقت ، نہا دھو کے ، اخبار ہاتھ میں لے کے ہم برآمدے کے مخصوص کونے میں لگی مخصوص میز پہ مخصوص زاویے سے بیٹھ گئے ۔واضح ہو کہ اس زاویے سے عہد رفتہ میں بڑا خوبصورت منظر دکھائی دیا کرتا تھا۔مگر آج اونچی بدشکل بدوضع بلڈنگ نے اس دلفریب منظر پہ سنسر کی قینچی چلادی۔مگر ہم عادت سے مجبور بیٹھتے وہیں ہیں۔

بیٹھتے ہی ہم نے اپنے پریہ بچہ Cook بہادر کی طرف چائے طلب نظروں سے دیکھا۔

اس نے روز کی طرح خوشی سے ''چائے شاب' کا نعرہ لگانے کے بجائے غم زدہ ہو کر سر جھکا لیا۔

اتنے دنوں میں ''چائے شاب'' کی مسرت کا راز تو ہم جان گئے تھے۔کہ ہماری ہر چائے میں ان کا اپنا حصہ بھی شامل تھا۔لیکن یہ شوک سبھا کی مردنی۔یہ آدھے منٹ کا مون سمجھ میں نہیں آیا۔

معاملات کو بغیر پٹرول یعنی چائے کے سلجھایا نہیں جا سکتا تھا۔ اپنے
ہی گھر میں مہمان کی طرح منہ پھوڑ کے کہنا ہی پڑا ''بہادر چائے''۔
اب ان کی چشم نیم باز میں آنسوؤں کی نمی بھی تھی۔ ہم گھبرا
گئے پریشان ہو کر چاروں طرف دیکھا۔ گھر میں کسی حادثے کے
آثار نظر نہیں آئے۔

پھر.........؟

ہم نے بعد اصرار ان سے اس پریشانی کا سبب پوچھا۔

بہادر.............آخر بات کیا ہے۔

وہ سسک کے بولا۔''شاب چائے''.........

''ارے تو بناؤ نا چائے ۔ اسی کا تو ہم گھنٹہ بھر سے انتظار

کر رہے ہیں ۔''

''شکر شاب.........؟''

''ہاں ۔ ہاں ۔ شکر ڈالو۔ کوئی ہمیں شکر کی بیماری تو ہے نہیں

جو شکر چھوڑ دیں ۔''

''وہ تو آپ کو چھوڑنا پڑے گا شاب.........''

خیال ہوا ضرور کسی دوسرے بہادر یا تیسرے بہادر یا چوتھے

بہادر نے اس کے کان بھرے ہیں ۔ یا کسی بہادر کا سلسلۂ نسب کسی

ڈاکٹر سے ملتا ہوگا۔

''بھئی کیوں چھوڑ دیں شکر.....''ہم نے مقابلے کی ٹھانی۔

''شاب شکر کھلاس ،انھوں نے گھن گرج کے ساتھ اطلاع

دی۔

''رات کو تو ڈبے میں تھی'' پولیس اور وکیل حضرات کے فیض

صحبت کی اور اوٹ پٹانگ ٹی۔وی سیریلز کی بناپر ہم کچھ کچھ جاسوسی اور جرح کرنے لگے تھے۔

''وہ ہم پی گیا....''

واضح ہو کہ وہ چائے صرف شکر کی خاطر پیتے ہیں۔یعنی کھڑا چمچہ.....! پارا ہمارا سورج کی طرح چڑھنے لگا۔مگر غصے کو ضبط کر کے کہ معاملہ نوکر کا تھا دھیمے بلکہ پیار بھرے لہجے میں کہا۔

''تو دوکان سے لے آؤ۔''

اب ہمارے بجائے ان کا غصہ بڑھنے لگا۔

''دوکان گیا ہے۔چائے۔شکر نہیں ہے۔'' ان کی زبان غالبؔ وسوداؔ سے کم نہیں لیکن پورے سال بھر کی ریاضت ومحنت سے ہم اسے کسی قدر سمجھنے لگے تھے۔تو مطلب ان کا یہ تھا کہ صبح سے چار دوکانوں میں وہ گھوم آئے۔مگر شکر نہیں ملی۔

خیر ایک آدھ پیالی بغیر شکر کے ہم پی سکتے ہیں۔کہ ابھی پچھلے دنوں آئے ہوئے امریکی رشتہ داروں پہ رعب گانٹھنے کے لئے یہ ناٹک ہم کر چکے ہیں۔لیکن اس سے آگے نہیں۔سو اس کے لئے بہادر کی خوشامد ضروری تھی۔

''بہادر۔کہیں تو مل رہی ہوگی۔''

''سہکاری بردار میں ہے۔'' انھوں نے اکڑ کے اطلاع دی۔

''وہیں سے لے آؤ''

''ہم گیا تھا۔بولا۔لین لگاؤ

تو لائین میں کھڑے ہو جاتے۔واپس کیوں آئے۔

''واپس نہیں آیا۔'' صوفیوں اور فلسفیوں کی طرح فرمایا۔عجیب

بیوقوف لڑکا ہے۔ گھر میں موجود ہے اور کہتا ہے۔ واپس نہیں آیا۔

''لین میں لگا ہوں۔ شاب''

''ابے تیرا دماغ تو خراب نہیں ہو گیا۔ تو لائین میں لگا ہے۔''

ہمارا غصہ عروج پر پہنچ چکا تھا۔

''ہاں شاب۔ شہکاری بردار کی لین اپنے گھر تک آ گئی ہے۔ شام تک لمبر لگ جائے گا۔ میں چلا اپنی جگہ پر......''

☆☆☆

لائن میں (دوسری لائن)

دونو جوان لڑکے جو کامرس گریجویٹ تھے۔(عہد رفتہ کے شملی۔ بی کام کی طرح.........!) اور ملک عزیز و ملک عجیب و ملک غریب کے لاکھوں جوانوں کی طرح نوکری کی تلاش میں۔ باٹا، کرونا، اور لکھانی اینڈ لکھانی، قسم کی جوتا کمپنیوں کے بزنس میں اضافہ کرر ہے تھے۔ایک صبح یا دوپہر۔ جو بھی آپ سمجھ لیں۔ کہ پھیر وقت کا نہیں زاویہ نگاہ کا ہے ہمارے پاس آئے۔

یہ وہی سہانی صبح ہے جس کا ذکر ابھی کیا جا چکا ہے۔ اور جو حالات حاضرہ کی تلخی یعنی sugar lessday کی بنا پر انتہائی بھیانک اور تکلیف دہ ہو چکی تھی۔ ان کی آمد ہمارے لئے کبھی خوشی کا باعث نہیں ہوئی کہ وہ بیچارے حالات کے مارے۔آتے تھے داستانِ غم سنانے۔ اور آج تو نیم چڑھا والا معاملہ ہو رہا تھا۔ خیر کرتے کیا۔ کہ نیم پہ مزید چڑھنے کی گنجائش نہ تھی۔ نا گھر چھوڑ کے بھاگنے کی سکت۔

آج خلاف معمول ان کے چہرے کھلے ہوئے تھے۔ مسرت اور مسکراہٹ تو متعدی امراض ہیں۔ اڑ کے لگتے ہیں۔ سو ہم بھی مسکرا دیئے۔ کہ چارہ بھی اس کے علاوہ کچھ نہ تھا۔ لیکن زیادہ دیر یہ سلسلہ قائم نہ رہ سکا مری ہوئی آواز میں پوچھا.... ''آج تو بڑے خوش ہو میاں۔ شاید کوئی کام مل گیا........؟''

دونوں بے حد ایکسائیڈٹ تھے۔'' جی ہاں۔ آپ کی دعا سے لائین میں لگے ہیں.......''

''اچھا کسی لائین میں لگ گئے۔ چلو ٹھیک ہے۔لائین میں ہی لگے رہو۔ ایک نہ ایک دن موقع مل جائے گا۔ادھرادھر واہی تباہی پھرنے سے فائدہ۔''

ایک معنی خیز مسکراہٹ کے ساتھ دونوں نے اک دوسرے کو دیکھا۔لیکن کچھ بولے نہیں۔ان کی نگاہوں کی تیزی اورنظروں کے ترچھے تیروں سے یہ اندازہ ہوا کہ ہماری عقل مندی اور سمجھداری پہ انھیں زمانہ ماضی کا سا اعتماد نہیں رہا۔ٹالنے کی غرض سے ہم نے کہا..... ''مگر کچھ امید ہے۔''

''امید کیا میڈم۔اچھی خاصی آمدنی ہے۔''اور لفظ آمدنی کے ساتھ ایک چھوٹا سا خاکی پیکٹ جسے وہ اب تک چھپانے کی کوشش کر رہے تھے۔سامنے کر لیا ہم سمجھ گئے کہ پہلی تنخواہ پہ وہ ہمارے لئے تھوڑی سی مٹھائی لائے ہوں گے۔مٹھائی کے نام پہ ہمیں شکر کی یاد آگئی۔ایک آہِ جگر سوز لبوں سے نکلی۔یقین ہے کہ فلک میں شگاف کرتی ہوئی ساتویں آسمان تک پہنچی ہوگی۔بھٹکتی روح کی طرح ہماری بھٹکتی نظریں پھر اسی خاکی پیکٹ سے جا ٹکرائیں ہوں گے اس میں لڈو۔پیڑے۔برفی۔ ہمارے کس کام کے اسے ہم چائے میں تو گھول کے پی نہیں سکتے چند لمحوں کی خاموشی کے بعد ہم نے پھر بات میں بات نکالی۔

''کیا daily wages پہ ہو۔''

یہی سمجھ لیجئے۔

کونسا ڈپارٹمنٹ ہے؟

''میڈم............وہ''

ارے تو شرماتے کیوں ہو۔کوئی بھی محکمہ ہو۔تنخواہ ٹھیک ہے تو ڈٹے رہو۔ پیسہ تو اچھا خاصہ مل جاتا ہے۔ہر کام temporary ہے۔ان میں اب temporary سروس کی temporary ہمت پیدا ہو چلی تھی۔ پرمنیٹ بھی ہو جاؤ گے۔لیکن ڈپارٹمنٹ تو بتاؤ۔شاید کوئی پہچان کا نکل

آ ئے۔"

ڈپارٹمنٹ کے نام سے دونوں بی۔کام شرما کے بیا(B.A) بن گئے۔ چھوٹے میاں ہکلا کے بولے۔

"جی وہ لائن کا ڈپارٹمنٹ ہے۔"

"لائن کا......" اس نام کے کسی محکمے کی ہمیں خبر نہیں۔ کمبخت ہمارا امتحان لے رہے ہیں۔ مگر ہم ہار ماننے والے کب تھے۔

"اچھا پولیس لائینز میں ہو۔"

"نہیں میڈم۔"

"پھر"

شکر کی لائین۔ اب کے سے شرمانے کی باری بڑی بی کام کی تھی۔

"شکر کی لائین ......؟" ہمیں پھر مات ہونے لگی۔ "او۔ ہو فوڈ ڈپارٹمنٹ .....؟ یہ تو بہت ہی اچھا ہے۔ یہاں تو جناب عبدالرزاق کی حکومت ہوتی ہے۔ اناپورنا۔ کھانے پینے کا کھاتہ بالکل الگ........"

ارے نہیں صاب۔ وہ فوڈ نہیں۔" چھلکے اور بڑ کے دونوں پہ گھڑوں پانی پڑ گیا۔

"پھر" وہ ماتھے پہ آئے پسینے کو پونچھ کے بولے۔ "ارے بھئی۔ شکر بھی تو فوڈ department کے اندر آئے گی۔

"نہیں میڈم۔ آپ سمجھ نہیں رہیں۔ شکر کھلے بازار میں کہاں مل رہی ہے گھنٹوں لائین میں لگو۔ تب ملتی ہے ایک آدمی کو دو کلو......"

ہاں۔ ہاں یہ تو ہے۔ وہ ہمارا بہادر...... ہماری اتنی اہم بات تو سنی ان سنی کرتے ہوئے بڑ کا بولا.....

تو میڈم گھنٹوں لگ جاتے ہیں۔ ہم پیسہ لے کے دن بھر کسی نہ کسی کے

لئے لائن میں لگے رہتے ہیں۔''

''ابھی بھی لائن میں ہیں۔'' چُھٹکا چہکا۔

بالکل پر یہ بچہ cook والی بات

''لائین آپ کے گھر تک آ گئی تھی۔ ہم لائن میں لگے ہیں۔ سوچا لائین میں لگے لگے آپ سے مل لیں اور آپ کو تھوڑی سی شکر بھی دے دیں۔ یہ کہہ کے انھوں نے وہ خاکی پیکٹ ہمارے ہاتھ میں پکڑا دیا۔ اور یہ جا وہ جا۔

چائے پیتے پیتے ہم نے سوچا شکر اسی طرح کھلے بازاروں سے غائب رہے تا کہ ایسے بہت سے بی۔ اے بی کاموں کو روزگار ملتا رہے۔

مگر سنا ہے۔ شکر کی حالت جلد ہی ٹھیک ہو جائے گی۔ خیر کوئی بات نہیں کہ اس کی بھی تو خبر گرم ہے کہ سویابین کا تیل اگیا ت واس میں جانے کا پروگرام بنا رہا ہے۔

خدا سب کو رزق دینے والا ہے۔ اور سرکار بڑی کارساز ہے۔ انشاء اللہ ہم آپ کو ایسی ان گنت لائینوں میں کھڑا کر دیں گے۔

☆☆☆

کفن بھی ہو ریشم کا

چلتے چلاتے ہم پہنچے ایک ماتمی تقریب میں .....کہ موت سے کس کو رستگاری ہے اور یہ کہ۔ ''یہ کیا رہیں گے جب نہ رسول خدا رہے''۔ اور'' آدمی بلبلہ ہے پانی کا۔'' وغیرہ وغیرہ۔

خیر اگر ہم زندگی اور موت کا فلسفہ بیان کرنے پر آجائیں یا صرف موت کی عکاسی نقاشی کرنے لگیں تو خانہ خراب و ویران میں پائے جانے والے کاغذ ختم ہو جائیں اور تمام خریدے اور دھوکہ دھڑی سے حاصل کئے ہوئے ڈاٹ پینوں کی سیاہی ختم ہو جائے مگر بات ادھوری کی ادھوری رہے اور جو تصویر سامنے آئے وہ کسی horrorilm سے کم نہ ہو۔

افرادِ خاندان درجہ بدرجہ موقع محل وغیرہ کے اعتبار سے ماتم کر رہے تھے۔ کہیں آنسوؤں کی روانی فراوانی تھی کہیں آہوں کی تیز تند آندھیاں۔ امدادی دستے کی حیثیت سے حسب توفیق شرکت ہم نے بھی کی۔ اداکاری میں ہم ویسے ہی کچے لہٰذا دل کے سچے۔ سو نظریں ادھر ادھر بھی ڈال لیتے تھے۔ اور چونکہ کانوں میں نہ جھمکے نہ جھالے، نہ بال نہ بالے۔ وہ تو کھلے رہیں گے ہی تو جناب کھلی آنکھ کان کا صرف ایک نمونہ پیش ہے۔ بقیہ۔ پھر کبھی۔

ایک صاحب جن کی تیزی طراری، چلت پھرت، ہاؤ بھاؤ اور خود اعتمادی اور تحکمانا انداز سے ہمیں سمجھنے میں دیر نہیں لگی کہ آپ خاندان کے سرپرست ہیں۔ وہ تمام انتظامات میں بے حد مستعدی دکھا رہے تھے اور ضرورت سے کچھ فیصد زیادہ

دلچسپی لے رہے تھے پتہ چلا کہ آپ مرحوم کے سمدھی کے عہدے پر حال ہی میں فائز ہوئے ہیں۔

سمدھی۔ بڑا عجیب سا لفظ اور اس سے بھی عجیب رشتہ ہے۔ حیرت ہمیں اس پر ہوئی کہ آپ لڑکے کے والد ہیں اور مرحوم لڑکی کے باوا تھے۔

ہم نے حیدرآبادی دامادوں کے جوڑوں کی چمک دمک اور گھوڑوں کی ڈلکی بلکہ ڈبل چوبل چال اور سمدھیوں کی گردن کی اکڑ دیکھی تھی اور اس سے ہم بے حد خائف بھی رہا کرتے تھے۔ یہ سمجھ لیجئے کہ دودھ کا جلا والا معاملہ تھا۔ یہ خاکساری نیازمندی ہمارے لئے بالکل نئی چیز تھی۔ مرحوم کے اکلوتے صاحبزادے پانچ سال پہلے بغرضِ حصول علم و دولت ملکِ جدید یعنی امریکہ تشریف لے گئے تھے اور صرف پانچ منٹ پہلے آئے تھے۔ کچھ تو شدتِ غم کچھ تکلیفِ سفر، کچھ پانچ سالہ امریکیت، کچھ کم عمر نا تجربہ کاری۔ سب نے مل ملا کر اس غریب کو تو ناکارہ بنا دیا تھا۔ لہٰذا کسی نہ کسی 'کارہ' کو (c-in-c) کمانڈ اِن چیف) کا عہدہ سنبھالنا ہی تھا۔ سو یہ حضرتِ سمدھی اپنے تمام روایتی اصولوں اور پروٹوکال کو توڑ تاڑ انتہائی بے اصولی اور جدیدیت پہ اتر آئے تھے اور لپک جھپک کام کر رہے تھے۔ کبھی اندر زنانے میں کبھی باہر مردانے میں۔ رشتے اور عمر کی وجہ سے وہ ہر طرح کی خود ساختہ آزادی حاصل کر چکے تھے۔ دخل اندازی کی بھی اور داخل در کی بھی۔ ان سے نہ کسی بات کے پردے کی ضرورت نہ انہیں کسی سے پردے کا خیال۔

غسل کفن دفن کے مراحل و مسائل درپیش تھے۔ غسل غسال پہ چھوڑ آپ کو آرائش بعد از مرگ کی فکر ستانے لگی۔ اور اس سلسلے میں حاکمانا فیصلے صادر کرنے شروع کئے۔ کہ اول آپ تھے سیول انجینئر اور دوسرے اچھے کپڑوں کے شوقین۔ اس عمر میں بھی پتلون کی کریز ایسی دھاردار کہ لوگ کہدو نہ ہی تماثر تو کٹ ہی جائے۔ اتفاق سے مرحوم بھی آپ کے ذوق و شوق میں برابر کے شریک تھے۔ بلکہ

آپ سے بھی گز دو گز آگے۔ غالباً بیٹے بیٹی کے رشتے میں اسی ہم ذوقی اور قدر مشترک کو مقدم رکھا ہو۔

خیر۔ جو ٹیم جائے آخر کے سلسلے میں بھیجی جارہی تھی اس سے آپ نے فرمایا۔

''دیکھئے ذرا کشادہ جگہ منتخب کیجئے گا.....''

''جی۔ وہ لوگ چونکے۔''

''ہاں صاحب مرحوم نے کتنا بڑا گھر بنوایا۔ کمرے حتیٰ کہ باورچی خانہ بھی دیکھئے کتنا لمبا چوڑا ہے۔ آپ کی قبر بھی بڑی ہونی چاہئے۔ میرا مطلب ہے آرام سے لیٹیں۔ کوئی تکلیف نہ ہو۔''

اہل شرع کو آپ کے اس فرمان سے جو شاک (Shock) پہنچنا تھا وہ تو پہنچا ہی۔ انھوں نے ذرا جھنجھلا کے جواب دیا۔

''جناب قبر ہی ایک ایسی جگہ ہے جو قد سے زیادہ نہیں ہوتی۔ کیا بادشاہ کیا فقیر۔ مرحوم کے لئے دو گز کی کافی ہوگی۔''

''کیا کہہ رہے ہیں آپ۔ صرف دو گز.......؟ تین تو کر ہی لیجئے۔''

آپ کی بات سنی ان سنی کر کے وہ گروہ تو روانہ ہوا اپنی منزل کی طرف کفن خریدنے والوں نے جب رقم طلب کی تو آپ نے سو سو کے نوٹوں کا بنڈل نکال کے تھما دیا یہ لوگ پہلے والے گروہ سے آپ کی شاہانہ گفتگو سن چکے تھے۔ کہا۔

''یہ اتنے پیسوں کا کیا آئے گا۔؟''

آپ سمجھے شاید زیادہ کی طلب ہے۔ پھر جیب میں ہاتھ ڈالا۔ اور ایک اور موٹی گڈی تھمادی غالباً انتقال کی خبر سنتے ہی آپ نے اپنا سارا بینک بیلنس اپنی جیب میں منتقل کر لیا تھا وہ بھلے لوگ آپ کی معصومیت اور نادانی پر مسکرانا چاہتے تھے لیکن موقع کی نزاکت دیکھ کر سنجیدگی اختیار کرلی۔ پورے خزانے میں سے صرف آٹھ

دس نوٹ لے کر باقی واپس کر دیا۔

آپ نے حیرت اور حقارت سے کہا.......بس۔

''حضور لٹھا اور دوسری چیزیں اس میں آجائیں گی۔''

''لٹھا.......؟'' آپ کی حیرت لحہ بہ لحہ بڑھتی جا رہی تھی۔

''بھئی کفن تو لٹھے کا ہی ہوتا ہے......'' مرحوم کے ایک بزرگ دوست نے کہا''

''دیکھئے مجھے تو اس سلسلے میں کوئی تجربہ ہے نہیں۔ یہ پہلا ہی موقع ہے لیکن مرحوم اچھا کھانے کے علاوہ اچھا پہننے کے بھی عادی تھے۔ بچی کی شادی کی تقریب میں آپ کرتا پاجاما تک pure silk کا پہنے ہوئے تھے۔ تو میں سمجھتا ہوں کہ ''کفن بھی ہو ریشم کا...............!''

☆☆☆

قصّہ گل بکاؤلی جدید (قسط ۱)

چلتے چلاتے ہم پہنچ گئے امر کنٹک جو ست پُڑا کی پہاڑیوں میں مدھیہ پردیش کا بے حد خوبصورت ہل اسٹیشن ہے۔ یہ پچمڑی کی طرح مشہور نہیں۔ گویا یہ صرف اسٹار ہے سپر اسٹار نہیں۔ فی الحال یہ ٹورسٹ کے حملوں سے محفوظ ہے۔ لہٰذا اتنا حسن اتنی پر کیف خاموشی ہے کہ اوم شانتی اوم شانتی کا ورد کرنے کا جی چاہتا ہے۔ یہاں رات واقعی شام پڑے ہی ہو جاتی ہے اور سویرا چڑیوں کی چہکار کے ساتھ۔ ''مہانگروں'' کے standard بالکل uncivilized۔ اور سکہ صرف مہانگروں کا ہی چلتا ہے۔ کہ T.V موسم بھی صرف انہیں کا بتاتا ہے۔ خیر۔ ویسے بڑے شہروں کے موسموں سے ہی تو چھوٹے شہر اپنے موسم بناتے بگاڑتے ہیں۔

دراصل ہمیں تلاش تھی راجہ کھڑک سین کے اس محل کے کھنڈرات کی جو اس نے اپنی دلاری بیٹی بکاؤلی کے لئے بنوایا تھا۔ ان بکاؤلی صاحبہ کو ہم اردو کی مشہور مثنوی ''گل بکاؤلی'' کی ہیروئن ثابت کرنے پر تلے ہوئے ہیں۔

آپ تو جانتے ہی ہیں بات کچھ ہو نہ ہو۔ اصل چیز تو ثابت کرنا ہے۔ بالکل ایسے جیسے کسی زندہ کو مردہ۔ چور ڈاکو رشوت خور اسمگلر وغیرہ وغیرہ کو بے گناہ، سیدھا سچا اور مسٹر شریف۔ یہی عقل مندی۔ ہوشیاری دنیا داری ہے۔ یہی معجزہ ہے۔ اور اسی کے پیچھے ہم سب روزِ ازل سے بھاگ رہے ہیں۔ اور ان دنوں تو یہ دوڑ marathon race میں بدل گئی ہے۔

امر کنٹک سے نربدا ندی بھی جلوہ افروز ہوتی ہیں شہزادیوں کی طرح۔کھلکھلاتی، اٹھلاتی، بل کھاتی۔راجہ کھڑک سین کی بیٹی کا ایک نام نربدا بھی تھا۔شہزادے شہزادیوں کے کئی کئی نام ہوتے ہیں۔یہ کوئی عام آدمی کی اولادیں تو ہیں نہیں کہ جنھیں ایک نام بھی نہیں جڑتا۔اور وہ منگلو۔ بدھو۔شکرو یا انسان بی۔حیوان بی رکھ دیتے ہیں۔

یقین مانئے انسان بی۔حیوان بی والے ناموں میں ''گل افشانی گفتار'' کا قطعی دخل نہیں۔تیس پینتیس سال پہلے مومن پورہ۔ناگپور میں دو بہنوں کے یہی اسم گرامی تھے۔ہمارا خیال ہے آج بھی بس یہی دو نام کافی ہیں۔لیکن تب دقت یہ ہوگی کہ ایک نام کے خانے میں حد سے زیادہ بھیڑ بھاڑ ہوجائے گی۔اور دوسرے کے لئے شاید ہی کوئی ملے۔؟

تو حضور۔وہ نربدا۔ہم نے سوچا۔ان کے بھی دیدار کرلیں۔لیکن ان کے دیدار، دیدۂ بینا سے ہی ہو سکتے تھے۔عام آنکھوں سے تو وہ نظر آتی نہیں۔اول تو وہ شہزادی۔اس پر دیوی اور پھر ندی۔لیجئے سات سات چودہ اور سات اکیس پردے تو ویسے ہی ان کے لئے لازمی ہوگئے۔

مندر کے اندر بنے ایک چھوٹے کنڈ سے یہ برآمد ہوتی ہیں بوند بوند۔اور مائی کی بگیا سے موڑ لے کر بہتی ہیں۔ذرا صبر سے کام لیجئے۔مائی کی بگیا میں ہم بھی بس داخل ہونے ہی والے ہیں۔میڈم نربدا کے ساتھ ساتھ۔یہی وہ جگہ ہے جہاں ہمیں شئے مطلوبہ اور گیان وگیان نروان سب کچھ حاصل ہوگیا۔

یہاں نربدا جی اتنی مختصر اور نازک اندام ہیں کہ انھیں ندی تو کیا نالہ بھی نہیں کہا جاسکتا۔لیکن آگے چل کر پہاڑوں سے اتر کر پتھروں سے ٹکرا ٹکرا کر یہ چوڑی، پرزور، پرشور ہوتی جاتی ہیں گویا اپنے وجود کو منوانے کے

لئے بلندیاں سر کرنے کے بجائے نیچے اترنا اور پتھروں سے سر پھوڑنا بھی ضروری ہے۔ ہمارا خیال ہے یہ قبل مسیح اور ویدانتوں کے دور کا فلسفہ ہے۔ آج تو زمانہ سیڑھی بن سیڑھی چڑھنے میں ہی اندھا دھند لگا ہوا ہے۔ اور سر دوسروں کا پھوڑتا ہے۔!

ہاں صاحب اسی بگیا میں کہ جو بگیا بھی نہیں تھی۔ کھلی تھیں، مس بکاؤلی۔ چوڑی سفید، دبیز تین پنکھڑیاں، اور خوشبو، مشام جاں کو معطر کردے۔ واقعی اس پھول کے لئے شہزادہ تاج الملوک ہزاروں میل کا سفر کرسکتا ہے۔ اور اپنی اکلوتی جان جوکھم میں ڈال سکتا ہے۔

ہم بھی خوش ہوئے۔ تاج الملوک کی ہمت کی داد دی۔ زندہ ہوتا تو کچھ ٹریول گرانٹ دلوانے کی کوشش کرتے اور دل ہی دل میں خود پہ لعنت بھیجی کہ یہ پھول بیس سال پہلے ہمارے گرلس کالج میں تالاب کے کنارے خاص ہمارے لئے لگایا جاچکا تھا، یہ کہہ کر یہ ''گل بکاؤلی'' ہے۔ اب پڑھائیے لڑکیوں کو مثنوی بے مثال با تصویر و با مثال، بے اعتباری بری بلا ہے۔ بلکہ فتنہ پرور۔

خیر اتنا اضافہ تو معلومات کے قدیم ایڈیشن میں ہوا کہ اب تک اسم گرامی اس پھول کا بکاؤلی ہی ہے۔ رات کو اس کی خوشبو سے سارا جنگل مہک اٹھتا ہے۔

حیرت ہے اب تک عطر بکاولی (Bakavlierfume) کیوں نہیں بنایا گیا۔ بہر حال اس کے عرق سے اب بھی آنکھوں کو روشن کرنے والی دوا بنائی جاتی ہے۔

شاید عطر اور دوا کا میل ملاپ سنگم نہ ہوسکتا ہو........!

امر کنٹک میں ساگون کے گھنے جنگل ہیں۔ آسمان سے باتیں

کرتے اونچے لمبے درخت۔ کہیں کہیں بڑ پیپل کے نیچےاور چھتر چھایا والے پیڑ بھی مل جاتے ہیں۔تو یکاؤلی گنج جو مائی کی بگیا کہلاتی ہےاور جہاں نربدا کی چھوٹی بہن یا سہیلی (جو نام چاہے دے لیں، کہیں رشتوں میں زیادہ فرق رہا نہیں۔) سون کنڈ بھی ہےاور سہیلی کی سہیلی 'بھدرا' کاورود بھی یہیں سے ہوتا ہے۔سوایک اس سے بھی چھوٹا گنڈ بھدر کنڈ کے نام سے منسوب ہے۔

خیر صاحب تواس حد درجہ مقدس مقام پرایک پیڑ کی چھاؤں میں بنے چبوترے پہ دو پتھر گیروے رنگ میں رنگے تھےاور قریب ہی کھلونے سا مندر رکھا تھا۔اور سترہ اٹھارہ سالہ نوجوان سفید دھوتی پہ لال سوئٹر پہنے ماتھے پہ لمبا تلک لگائے اور گلے میں اس سے بھی لمبی رُدراکش کی مالا ڈالے براجمان تھے۔

رنگ ڈھنگ ہاؤ بھاؤ قطعاً سادھوؤں اور پجاریوں کے نہ تھے۔ ہم نے باتوں کے جال میں الجھایا تو فرمایا کہ تھوڑی سی ہندی سنسکرت پڑھے ہیں۔منڈلہ (امرکنٹک کی ترائی کا ایک چھوٹا سا شہر۔) کے رہنے والے ہیں۔ پانچ سال پہلے یہاں آ کر بیٹھ گئے۔دان دکشنا اچھی مل جاتی ہے۔گیان دھیان سے نا آنے والوں کو دلچسپی ہے نا ان کے پاس وقت لوگ ذرا دیر کے لئے آتے ہیں پکنک اور تین دیویوں کے درشن ایک ساتھ۔ یعنی fourinone۔دیوی کے آگے ہاتھ جوڑے۔دان پیٹی میں کچھ ڈالا۔کنڈ میں سکے اچھالے اور چل دیئے۔وہ بھی خوش پجاری جی بھی خوش۔انھیں موکش مل گیا اور پجاری جی کو پیسے۔

بڑے پجاری جی سے بھی شرف نیاز حاصل کیا کھلتے ہوئے سانولے رنگ اور اچھے ناک نقشے کا صحت مند نوجوان ۔مندر کے قریب بنی کٹیا میں آرام سے لیٹے تھے۔ایک چیلا دال بگھار رہا تھا۔چاول پک کے

تیار ہو چکے تھے ۔ دونوں کی خوشبو نے ہماری بھوک بڑھا دی تھی ۔ ہاتھ بڑھاتے تو پرساد کہہ کر کھلا دیتے، ہماری بھی مکتی ہو جاتی ۔

چھوٹے بڑے پجاری بڑے میل ملاپ سے رہتے ہیں ۔لہٰذا آرام امن چین سے بھی ۔ کچھ بزنس پارٹنر شپ کا معاملہ لگ رہا تھا۔ بنا محنت کے دو وقت کی روٹی مل جائے اور کیا چاہیے۔

ایم ۔اے ۔ پی ۔ایچ ۔ڈی ۔ سائنس ۔ٹکنالوجی اور میڈیسن کی ڈگری لئے در بدر اور دیس بدیس مارے مارے پھرنے والے نوجوان کچھ عبرت حاصل کریں.......!

یہاں اور بھی چمتکار دیکھے ۔اور کچھ دیکھنے کی حسرت لئے لوٹے ۔ لیکن اس نربدا یاترا کو ہم اگلی قسط میں مکمل کریں گے ۔ جو واقعی اگلی قسط ہی ہو گی اور اگلے ہی ہفتے آپ تک پہنچ جائے گی ۔ ہمارے پچھلے وعدوں کا سا حشر اس کا نہ ہوگا۔

مگر نیت کی کھوٹ پہلے بھی نہ تھی ۔ ہماری معصومیت اور دیانت داری پہ شبہ نہ کیجئے ۔

☆☆☆

قصّہ گُل بکاوٗلی (قسط۲)

کل کو آج بنانے کے لئے کچھ جھلکیوں اور کچھ یادوں کا سہارا لینا پڑتا ہے۔اور آج سے کل کی طرف سفر کے لئے دو خوابوں کا خیر تو گذشتہ سے پیوستہ یہ کہ چھوٹے بڑے دونوں پجاری بڑے سکھ چین اور امن امان سے عمر دوروزہ بسر کر رہے تھے۔کرنے کے لئے وہاں کوئی کام ہے ہی نہیں۔

بچوں کے لئے اسکول حکومت نے کھول رکھا ہے۔بچے پڑھنے جائیں نہ جائیں یہ والدین کا مسئلہ ہے۔ ماسٹر اسکول میں آئیں نہ آئیں۔امر کنٹک میں رہیں یا کسی اور جگہ۔ یہ ان کی مرضی ہے۔اس میں پجاری جی اپنا وقت کیوں خراب کریں۔اور اس سے ان کی شردھا پر بھی حرف آسکتا ہے۔

بیماروں کی خدمت بھی یہ کیوں کریں۔اس کار خیر کے لئے سرکاری اسپتال موجود ہیں۔اسپتال میں ڈاکٹر نہیں۔کمپاؤنڈر ہر چند کہیں کہ ہے مگر نہیں ہے۔یعنی ڈیوٹی کے وقت اسپتال نہ آکر گھر پہ پرائیوٹ پریکٹس کرتا ہے(کوالیفائیڈ ڈاکٹر کی تختی لگا کر)اور off duty آتا ہے اسٹور سے دوائیں لے جانے۔بہر حال آتے تو ہیں۔ ہر روز بلکہ اکثر ہر شب بھی ......! رہیں نرسیں۔تو ہوتی تو وہ احاطۂ شفا خانے میں مگر مزاج ان کے ملتے نہیں۔کسی طاق نسیاں۔کسی چور الماری میں رکھ کے بھول

جاتی ہیں۔ بھول چوک کس سے نہیں ہوتی اور بے مزاجی کا جو رنگ ہوتا ہے۔ اس کے ذکر سے ہم اپنے لکھے کو کیوں بے رنگ اور بد رنگ کریں۔ ان کی حالت زار کی اصلاح پجاری جی کے دائرۂ اختیار میں نہیں اور اس اصول پہ چلنے والے سکھ چین کا اندازہ ہم جیسے جلنے کڑھنے والے لگا ہی نہیں سکتے۔

سینئر اور جونیر دونوں پجاری ہنسی خوشی زندگی گذارتے ہیں (بالکل پریوں کی کہانیوں کا انجام ....!) کبھی کبھی اپنے اپنے شہر چلے جاتے ہیں۔ ایک ایک کر کے۔ سچ تو ہے۔ بھگوان اور انسان کو اکیلا کیسے چھوڑا جا سکتا ہے۔ رکھوالا تو ہونا ہی چاہئے۔

ہاں تو شہر میں یہ جی بھر کے تفریح کرتے ہیں۔ شہری لباس پہنتے ہیں وغیرہ وغیرہ کہ آگے حدِ ادب۔

خیر تو دونوں ہمیں بہت اچھے لگے اور ہماری ان سے پکی دوستی ہو گئی۔ ہم نے پوچھا۔

جب آپ کے خاندانوں میں آپ سے پہلے کوئی پجاری نہیں ہوا تو آپ اس لائین میں کیسے آ گئے۔

جواب ملا۔ بھاگیہ!

ہم نے اس سے معنی یہ نکالے کہ اب ہمیں یہاں سے بھاگ جانا چاہئے ورنہ پتہ نہیں کونسا ہنگامہ ہم دانستہ یا نادانستہ طور پر کھڑا کر دیں، کہ ہنگامے برپا کرنے میں ہم ماہر ہیں۔ ظرافت اور شرافت دونوں کی رگیں ایک ساتھ پھڑکتی رہتی ہیں۔ کہیں بھول چوک سے ظرافت شرارت کی مقدار زیادہ ہو جائے تو شرافت خطرے میں پڑ جائے۔

لیکن کیا کریں۔ فطرت سے باز آنا بھی تو ممکن نہیں۔ بچہ پجاری کی اجازت سے ہم نے بکاؤلی کے کچھ پھول توڑے۔ پودا مانگا

ماہر (botanist) کی طرح سمجھایا

''گرم واپو جل میں جیوت نہیں رہ سکتا۔''

ہم نے عرض کیا آپ ٹھیک ہی کہتے ہیں۔ وہ تو منش نام کا پرانی ہی ہے جسے انسان بھی کہا جاتا ہے۔ وہ سب کچھ جھیل لیتا ہے۔ اور زندہ رہتا ہے۔ پتہ نہیں کیوں۔

وہ ہماری بکواس سن کر پھر مسکرائے۔ ہم نے سوچا چلئے گناہ (کردہ نا کردہ) تو معاف ہوا اور ہنگامہ ختم۔

ہمارے حال حلیئے سے کہ وہ حالی اور بدحالی سے زیادہ قریب تھا وہ کچھ سمجھنے اور اندازہ لگانے کی کوشش کر رہے تھے۔ لیکن ذات پات کے جھگڑے میں وہ بھی نہیں پڑنا چاہتے تھے۔ اس معاملے میں خاصے لبرل تھے وہ نہ کسی پریشد کے سربراہ تھے۔ اور انہیں بابر یا اس کے کسی سپہ سالار حوالدار سے دلچسپی بھی نہیں تھی۔

اور وہ صرف رام کو جانتے تھے۔ ان کے جنم سے ان کا کوئی تعلق تھا نہیں کہ ان کی جنم کنڈلی انھوں نے بنائی نہیں تھی۔ اور بقول ان کے خود ان کی جنم کنڈلی کب بنی۔

خیر تو انھوں نے ہم سے پوچھا۔ ''چرن امرت لیں گی۔''، ہم نے کہا۔ ضرور۔ مگر صرف پانی والا۔ کہ دودھ ہم نے کبھی پیا ہی نہیں۔ چھٹی کا بھی نہیں۔ اور پھر دودھ کونسا خالص ہوتا ہے۔ تو آپ ہمیں پانی ہی دیجئے۔ اس water crisis. کے دور میں پانی ہی امرت ہے۔

انھوں نے کانسے کی چھوٹی سی لٹیا سے پانچ چمچی پانی پلایا۔ جو واقعی اتنا ٹھنڈا اور صاف تھا کہ ہمیں ''امرت'' ہی لگا۔

ویسے امرت کب کسی عام آدمی کو نصیب ہوا ہے۔ ہم روانگی

ڈالنے کا ارادہ کر ہی رہے تھے کہ گاؤں کی گوالن صاحبہ پجاری جی کے لئے دودھ لے کر آگئیں

ادھیڑ عمر کی بدشکل بدوضع عورت۔ پرانی بدرنگی میلی ساڑی پہنے۔ بلاؤز جانے کہاں سے مل گیا تھا۔ ورنہ عام طور پر تو اس طرف کی خواتین ایک ہی کپڑے سے بدن ڈھک لیتی ہیں۔ اور وہ ایک طبقۂ بلند و بالا و عالی ہے کہ تھان بھر کپڑے کے بعد بھی ہے کہ کھلا کا کھلا۔

خیر برا ہو ہماری لاعلمی کا کہ فلمی معلومات کی بنا پر ہم تو سمجھتے تھے کہ گوالین ویسی ہی چھبیل چھبیلی۔ بجی بجی۔ زیور سے لدی۔ گلاس ورک کا گھیر دار لہنگا لہراتی پھڑکاتی آیا کرتی ہوں گی، مگر اس گوالن کو دیکھ کر بڑی مایوسی ہوئی۔

ہم نے طے کرلیا ہے کہ فلمی گوالن کی تلاش میں شہر شہر گاؤں گاؤں گھومیں گے یا ممکن ہوا تو بینر و بیز لے کے پدیاترا کریں۔۔ لیکن سوال یہ ہے کہ کن کن فلمی مناظر کی تلاش میں ہم بھٹکیں گے۔ اور کہاں کہاں۔ اور کب تک۔؟

خیر تو اس گوالن سے ہم نے یونہی پوچھا۔

’’پجاری جی کے لئے دودھ لائی ہو.........کتنا....؟ اس نے گھاگ بیوپاریوں کی طرح ٹین کے ڈبے سے ناپ کے اسٹیل کے بھگونے میں ڈالا.........آدھا کلو۔

ارے بس اتنا سا ‘‘ ہمیں پجاری جی پہ رحم آنے لگا’’

’’اتنی ساری گائے بکری چرتی دکھائی دے رہی ہیں۔ پجاری جی کے لئے تو بنا ناپ تول کے لاتیں۔ وہ خالص بزنس وومن کے انداز میں بولی۔‘‘

''اب جتنا پیسہ دیں گے اتنا دودھ ملے گا۔''

پُن کی بات صاف اڑ گئی ۔ ہاں صاحب جب یہ لفظ بڑے بڑوں اور اچھے اچھوں کے ہاں سے غائب ہو چکا ہے۔تو کیا اس کو زندہ رکھنے کے لئے یہ غریب گوالن ہی رہ گئی ہے۔

''ارے پجاری جی سے بھی پیسہ لیتی ہو۔ مفت دو تو کچھ پن تمہیں بھی مل جائے گا۔ پاپ پن کا حساب ،تو اوپر ہوگا۔ ابھن تو ہم کا کھائے پئے کا حساب رکھے کا ہے'' مار دیا نا اس نے sixer

جھینپ مٹانے کو ہم نے ایک سوال اور داغ دیا۔ ''اچھا پانی تو نہیں ملاتی ہو۔'' اور جو جواب ملا اس نے ہمیں پانی پانی کر دیا۔

''بھلا کون دودھ بن پانی کے ہوت ہے۔''

☆☆☆

بمبئی کے بازار میں

ہم ایکسو گیارہویں بار بمبئی پہنچے اور ابھی تک وہیں گھوم رہے ہیں۔ بغرض سیر تفریح نہیں۔! اور یہ پھیلا ہوا بھی تو اتنا ہے یعنی ''بمبئی سے ممبئی'' تک کہ اگر ہم اس میں پیدل پیدل کہ جسے کسی زمانے میں ''پاؤں پیدل'' کہا جاتا تھا، چلتے رہیں، چلتے رہیں تو چاہے ہم ختم ہو جائیں سفر ختم نہ ہوگا۔

لہٰذا حضور کچھ دیر کچھ دور تو آپ کو اپنے ہی شہر میں ہمارے ساتھ چلنا ہوگا۔ ہمیں راستہ دکھانے نہیں بلکہ ''وہ وہ'' دیکھنے جو شاید آپ نے روز مرہ، سمجھ کے دیکھتے ہوئے بھی نہ دیکھا ہو۔!

تیس اور چالیس منزلہ خدا سے باتیں اور آسمان سے راز و نیاز کرتی عمارتیں تو آپ نے دیکھی ہوں گی جو ہر لمحہ آپ کو دنیا کی ناپائیداری اور آپ کے فانی ہونے کا یقین دلاتی رہتی ہیں۔ پہلی ستمبر کی مبارک شام کو جوگیشوری میں صرف بارہ سال پہلے بنی بلڈنگ اس جہان آب و گل سے رخصت ہو کر اپنے ساتھ آٹھ افراد کو شہادت کا درجہ دے گئی.....!

آپ ان جھونپڑ پٹیوں سے بھی واقف ہوں گے جو آپ کے شہر کی شہرت کا ایک سبب ہیں۔ جن میں رہنے والوں کو اٹھنے بیٹھنے سونے جاگنے کے لئے انچوں کے حساب سے جگہ ملتی ہے۔ البتہ دنیا کی تمام گندگیاں بے حساب۔!

یہ سب ہم نے بھی دیکھیں اور برسوں سے دیکھتے چلے آ رہے ہیں۔

اس طرح سے کہ اب نہ بلندیوں میں کوئی حسن وحیرت باقی ہے نا پستیوں پہ تاسف ورنج، جوہو بیچ، میرین ڈرائیو اور بینڈ اسٹینڈ پر موجیں مارتا اور ساحل سے سر پھوڑتا سمندر بھی ہم نے دیکھا کہ اس کے دیکھے بغیر چارہ نہیں۔ اس سے کہیں مفر نہیں۔ کسی نہ کسی موڑ پہ کہیں نہ کہیں وہ ایک دم آپ کے آگے آجائے گا اور قسمت کی لکیروں کی طرح میلوں آپ کے ساتھ چلے گا۔ پانی کے سمندر کے علاوہ دوسرا سمندر ہے جیتے جاگتے انسانوں کا۔ وہ بھی ہم دیکھتے چلے آرہے ہیں۔

لوکل ٹرینیں بھی دیکھیں جو صبح چار پانچ بجے سے رات بارہ ایک بجے تک (آدھی رات سے آدھی رات تک ....!) نہ صرف رواں دواں رہتی ہیں بلکہ جن کے اندر زندگی کے سارے کاروبار اور کام کاج ہوتے ہیں۔ مثلاً یہ کہ لوگ اخبار رسالے کتابیں لوکل ٹرین میں پڑھتے ہیں۔ تاش کی محفل جمتی ہے۔ شعروشاعری اور ادبی گفتگو یہیں ہوتی ہیں۔ افسانے اور کہانیاں جنم لیتی اور لکھی جاتی ہیں۔ بلکہ ہم نے تو سنا ہے کہ اکثر تنظیموں کی باقاعدہ نشستیں یہیں ہوتی ہیں۔ نثری بھی اور شعری بھی۔ لوگ بیٹھے بیٹھے آدھی ادھوری نیند بھی یہیں پوری کر لیتے ہیں اور باقی آئندہ کہہ کے اپنے اسٹیشن پہ اتر جاتے ہیں۔ اور شام کو واپسی پہ ''گذشتہ سے پیوستہ'' کہہ کے پھر مراقبے میں۔ بیٹھے بیٹھے تو سوتے ہیں۔ اور کھڑے کھڑے دوستی ودشمنی کے تمام مراحل بھی یہیں طے کر لیتے ہیں۔

خرید وفروخت کی جو ہماہمی بازاروں میں ہوتی ہے اس کا کچھ حصہ ٹرین کے ڈبے کے نصیب میں بھی آگیا ہے۔ سوئی دھاگے، لپ اِسٹک پاؤڈر سے لے کر ساڑی، ڈریس میکسی، شرٹ پینٹ، سبزی ترکاری پھل۔ سب چیزیں بڑے زور شور سے بیچی بھی جاتی ہیں اور بڑے اطمینان اعتماد

سے خریدی جاتی ہیں تا کہ جب تھکی ہاری عورتیں گھر پہنچیں تو کھانا تیار کرنے میں ذرا وقت نہ لگے اور وہ شوہر کی مار اور بچوں کی پھٹکار دھتکار سے بچ جائیں۔

ایمانداری، بے ایمانی، جھوٹ سچ، دھوکا دھڑی۔ کالا سفید، لال۔ ہرا پیلا دھندا۔ ان سب کا ذکر بھی چھوڑ دیجئے۔ کہ کہاں نہیں ہوتا

مگر جواب تک ہماری ان گنہگار آنکھوں نے نہیں دیکھا تھا وہ بھری برسات میں لال لال تربوز اور چشم غزالاں جیسی بڑی بڑی آنکھوں والے جاندار شریفے (عرف سیتا پھل)۔ یہ اس موسم میں کہاں سے اور کیسے آگئے۔ پر ہمیں کوئی بتا نہیں پایا۔

ویسے شرافت سال کے باروں مہینے اور مہینے کے تیسوں دن اور دن رات کے چوبیسوں گھنٹے یعنی ہر وقت، ہر لمحہ۔ شمال سے جنوب تک مشرق سے مغرب تک۔ امریکہ سے ریوانڈا تک ہر جگہ ہونی بھی چاہئے اور کھلے عام ملنی بھی چاہئے۔ کھلے عام۔ بلیک یا پرمٹ سے نہیں۔! لیکن گوہر و جوہر کم یاب و یسمائے نایاب ملتی کہاں ہے ۔ بس خدا کی طرح روپوش ہے۔ اسی کے جلوے کی طرح کبھی کہیں اس کے نور کا لپکا بھی نظر آجاتا ہے اور شرافت کے برتنے والے کو کوہِ طور کی طرح جلا کے خاک کر دیتا ہے۔ اور کچھ نہیں تو بے ہوش بے حال بدحال تو بنا ہی دیتا ہے۔

تو عرض ہے کہ موسمی شرافت تو ملتی نہیں یہ بے موسم کے شریفے وہ بھی شہر بمبئی میں کہ جہاں کی ذہانت فراست کا شہرہ تو سارے جہاں میں ہے۔ مگر.......شرافت........!

لیکن مولا کی دین ہے (مولا علی کے واسطے ہی سے سہی..!) جب چاہے، جسے چاہے نواز دے، تو پھر بھری برسات میں موسلا دھار بارش کے ساتھ شریفے بھی اتار دیئے۔ مگر تربوز ....کہ جس میں مٹھاس اور سرخی

گرمی پڑنے سے آتی ہے اور لُو چلنے سے بڑھتی ہے.......!

ہاں صاحب......کیسی کیسی آندھیاں "بمبئی" میں نہ چلیں۔ کون سی لو ہے جس نے اسے نہیں جھلسایا۔ کونسی آگ ہے جس نے اسے نہیں تپایا۔

جس آگ میں محلے کے محلے جل کے خاک ہو گئے اور ہزاروں انسان راکھ ہو گئے کیا اس میں تربوز لال نہیں ہو سکتے۔؟

لیکن ایک پھل سردی کا اور ایک میوہ گرمی کا۔ اور دونوں بک رہے ہیں ایک ساتھ "بمبئی" کے بازار میں۔ بھری برسات میں"۔

حضور۔ جو بازار میں آ گیا اس کے لئے کیا موسم کیا مول ۔ دیدہ ور ملے تو ان مول۔ ورنہ۔ نہ خریدے کوئی کوڑیوں کے مول

عرش سے فرش تک

ہماری سمجھ میں آج تک نہیں آیا کہ یہ چلنے پھرنے کا مرض انسان کو کب سے لاحق ہو گیا۔ شاید یہ ''حرکت میں برکت'' قسم کے محاوروں اور ''ہر دم جواں پیہم رواں ہے زندگی'' قسم کے اشعار و اقوال زریں کا نتیجہ ہو۔

لیکن نہیں۔ چلنے چلانے کی لعنت میں تو آدمی اس سے بہت پہلے سے گرفتار نظر آتا ہے۔ سارے مذہبی ٹی۔ وی سیریلیز ہمیں یہی سمجھانے کی کوشش کر رہے ہیں۔ (ویسے ان کے دید و شنید سے ہمیں خود اپنے چل چلاؤ کے آثار نظر آنے لگے ہیں......! خیر......)

چلئے ان سیریلز کو بھی نظر انداز کئے دیتے ہیں۔ الٹے پاؤں چلیں ماضی بعید از بعید کی جانب......کہ وجودِ کائنات بھی تو اسی ''چلت پھرت کا نتیجہ ہے'' نہ آتے حضرت آدم مع میڈم حوا کے تو یہ دنیا کیوں بنتی...؟ اس عالم خاکی میں ان کا ذریعہ نزول کیا تھا۔ اس کے متعلق وثوق سے کچھ کہا نہیں جا سکتا۔ پیراشوٹ اور ''کریش لینڈنگ crasn landing والا انداز ہوگا۔

بہر حال وہ آئے ہمارے گھر خدا کی قدرت ہے۔'' اس کے بعد وہ جانے کہاں کہاں گھومتے پھرتے رہے ورلڈ ٹورسٹ کی طرح اور غالباً وہی دونوں اپنی اولادوں کو سمجھا گئے کہ بیٹا ''بس چلتے رہو''۔ سو چل رہے ہیں ہم۔

کیسے......؟

حضور چلنے پھرنے کے بھی ہزار انداز اور ذرائع ہیں ۔مگر انداز کو اس وقت نظر انداز ہی کر دیجئے کہ اس کے بیان رنگین سے ساری شاعری رنگین ہے ۔اردو فارسی کی بھی ، ہندی سنسکرت کی بھی اور لاطینی فرانسیسی کی بھی ۔ (بقیہ زبانوں کا حال بھی کچھ اس سے بہتر بدتر نہ ہوگا.!) چند اشعار بھی ہم آپ کو سنانے بیٹھ جائیں تو یہ کالم اسی کی نذر ہو جائے گا۔ رہے ذرائع......؟ تو وہ بھی کم نہیں ۔

ہم دوشِ بادِ صرصر ہوائی جہازوں پہ کرتے ہیں سفر ہمارے افسر عالا بالا ۔اور اس بلندی سے کہ جن میں ان کی اپنی بلندی بھی شامل ہو جاتی ہے انہیں دنیا نظر آتی ہے بے حد حسین ۔

جھنڈے لہراتی رنگین شیشوں والی سفید گاڑیوں پہ چلنا بھی عام ۔ جس سے دائیں بائیں دکھائی کچھ دیتا نہیں اور آگے پیچھے کی ان موٹر نشینوں کو پرواہ کب ہے ۔لہٰذا یہ عزیزان وطن ، ارادی اور غیر ارادی طور پر ہمارے پیارے مظلوم باپو کے اس مقولے کے اس حصے پہ عمل کرتے ہیں کہ '' برا نہ دیکھو۔'' نتیجے میں کہلاتے ہیں گاندھی وادی ۔تو ان کی دنیا بھی خوبصورت ہے ۔

ہم جیسے عام آدمیوں کے لئے کسی سواری کی قید نہیں ۔ شرط ہاتھ آنے کی ہے ۔ بھاگتی دوڑتی ، جھومتی جھامتی ، کچلتی کچلاتی بس ۔ جس پہ چڑھنے کے لئے بھی جان کی بازی لگانی پڑتی ہے ۔سلامت رہے تو اللہ کا شکر اور مارے گئے تب بھی شکر ۔

کہ

'' جان دی ، دی ہوئی اسی کی تھی ''

اسکوٹر رکشا ۔ کہ اس کے کرائے اور رفتار دونوں ہی دل دماغ اور ہڈی ہڈی کے حق میں زلزلہ خیز ثابت ہوتے ہیں ۔

ریل گاڑیوں کو بھی اسی صف میں رکھ لیجئے۔اور ٹیکسی کو بھی لہٰذا عافیت جوتیاں چٹخانے میں ہی ہے۔ ہمارے اپنے وجود کی بھی اور محاورے کی بھی۔

کہ محاورے سے زبان جڑی ہے۔اور قدموں سے زمین تو پیارے قارئین۔آپ بھی چلئے ہم بھی چلتے ہیں۔اپنے اپنے راستوں پہ۔ اور جب اپنے پیروں پہ اپنا ہی دم قدم دیکھتے ہوئے چلیں گے تو اس دم قدم کے ساتھ ادھر ادھر تو نظر جائے گی ہی کبھی دماغ بہکے گا۔کہیں دل مچلے گا۔تب قلم کو تڑپنا پھڑ کنا بھی چاہیئے۔

ویسے آج کل قلم دل و دماغ سے نہیں۔رموٹ کنٹرول سے ''ادھر'' کے اشاروں کنایوں پہ چلتا ہے۔کہ ریوڑیاں بٹیں تو اس کی جھولی میں بھی کچھ آجائیں۔

یوں ''ہواؤں کے رخ'' پہ چلنے کی تلقین ہمارے سیدھے سچے شاعر حالؔی میاں بھی کر گئے ہیں۔لیکن وہ ہوائیں اور تھیں اور وہ زمانے بھی۔!!

اور جب بنام خدا شاعر کا ذکر نوکِ قلم پہ آ ہی گیا ہے۔تو ان کے اور ہمارے سب کے استاد حضرتِ غالؔب کے چلنے کے ذوق شوق کا نظارہ بھی کر ہی لیجئے۔

وحشت پہ میری عرصۂ آفاق تنگ ہے

اور دیگر احوال یہ کہ.... ''ہوتا ہے نہاں گرد میں صحرا مرے پیچھے''

اسی طرح چلتے چلاتے انھوں نے وہ وہ تماشے دیکھے کہ دنیا ان کے لئے محض بازیچۂ اطفال بن کے رہ گئی۔

خیر ہم یہ تو نہیں چاہتے کہ دنیا ہمارے آپ کے لئے گلی ڈنڈا، کرکٹ یا آنکھ مچولی بن کے رہ جائے۔کہ اول تو آج بچے اتنے معصوم نہیں

ہیں کہ بچوں جیسے کھیلوں کو پسند کریں۔اور دوسرے یہ کہ کرکٹ کی سخت گیند اور گلی ڈنڈے کے ڈنڈے کے دیگر مصرف بھی دریافت کر لئے گئے ہیں۔ (وضاحت میں نہ پڑیئے ورنہ TADA میں گرفتار۔)

اور رہی آنکھ مچولی۔تو جیسی آنکھ مچولی ہماری سیاسی دنیا میں کھیلی جارہی ہے اس کی نہ داد نہ فریاد۔لہٰذا یہ کھیل ''دائرہ اطفال'' سے کب کے نکل چکے ہیں۔

فی الحال غالبؔ اور ان کے ہم پیشہ وہم مشرب یعنی ماضی و حال کے تمام شعرا بھی معذرت کئے لیتے ہیں۔کہ عرش سے فرش تک چلتی ہر شئے ہے۔کیا ہوا کیا افواہ۔کیا تیرِ نظر۔کیا بندوق کی گولی۔کھڑکھڑاتے ڈالر۔کیا کھوٹے سکے تو حضور چلتے چلاتے آپ کیا دیکھئے گا۔

فلک کی کج رفتاری یا زمین کا پیروں تلے سے نکلنا..........؟

☆☆☆

دوا اور دُعا

چلتے چلتے ٹھوکر لگی۔ چلیں گے تو ٹھوکر تو لگے گی ہی۔ یہ ہمیں چلنے سے پہلے سمجھ لینا چاہئے تھا۔ مگر ہم مجنوں کی طرح جنگلوں بیابانوں میں چہل قدمی کر نہیں رہے تھے۔ نا دیوانوں کی طرح پہاڑوں چٹانوں پہ جاگنگ jogging کر رہے تھے۔ ہماری گذرگاہ تو تارکول کی بنی بظاہر پکی سڑک اور سمنٹ کے فٹ پاتھ تھے۔ پھر ٹھوکر لگنے کے امکانات کہاں........؟

یہیں تو آپ دھوکا کھا رہے ہیں۔ سڑکیں اب پکی کہاں.! سب کی سب نگر نگم، انجینئر، سب انجینئر، کانٹریکٹر وغیرہ وغیرہ کی مہر و مہربانی سے سوہنی کے گھڑے کی طرح آدھی کچی ہوتی ہیں۔

وہ ایک جرنیلی سڑک کے متعلق سنا ہے کہ ہمیشہ کی طرح اب بھی پکی پختہ ہوا کرتی ہے۔ ورنہ اب تو ہر نیشنل ہائی وے تک کا حال ہماری بدحالی سے کم نہیں۔

رہی جرنیلی سڑک۔ حال تو اس کا خدا جانے مگر حالات کے تصور سے بھی روح کانپ جاتی ہے۔

یہ تو وہ چیزیں ہیں جن کی تعمیر میں مضمر ہے اک صورت خرابی کی۔ جو بگڑنے اور بگڑے رہنے کے لئے ہی بنائی جاتی ہیں۔ گویا یہ رنگین اشتہارات کی حسیناؤں کے بالوں کی طرح ہیں کہ جنھیں رقم کثیر کے

صرفے کے بعد بڑی محنت اور فنکاری سے بکھیرا، چھترایا بگاڑا جاتا ہے.!
ایسی سڑکوں سے تارکول چکنے گالوں کے آنسوؤں کی طرح پلک جھپکنے میں بہہ جاتا ہے۔ پھر رہ جاتے ہیں کنکر پتھر۔ نوکیلے او بڑکھابڑان سے ٹھوکروں کے علاوہ کیا توقع ہو سکتی ہے....!

ارے بھئی آپ اتنے ہی نازک ہیں تو دو پٹیا چپل چٹخانے کے بجائے دو قدم کا سفر چار میٹر لمبی ''واتانوکول'' (ایئر کنڈیشنڈ) گاڑی میں کیجئے موٹر قسمت میں نہیں تو اسکوٹر ہی سہی۔

اور کیا رکشا، بھٹ سؤر بھی پھٹ پھٹا تا دندناتا خانہ اغیار میں چلا گیا۔

ویسے سمجھدار اور دنیادار تو وہ ہے جو زمین پہ پاؤں رکھتا ہی نہیں اسی لئے ان کے پیروں تلے سے زمین کبھی نکلتی بھی نہیں۔ اور یہ ہمیشہ بلندیوں پر اونچائیوں اڑتا پھرتا ہے۔ کبھی جمبو جٹ میں، کبھی ہیلی کاپٹر میں، کبھی خیالوں اور خوابوں میں۔

اگر زمین پہ چلنا ہے تو زمینی مخلوق کی طرح سر جھکا کے چلئے۔ نظریں بھی نیچی رکھئے۔ سر اٹھانے اور آسمان سے آنکھیں لڑانے کی ضرورت کیا ہے۔

جو یہ نہ ہوگا تو وہ سب کچھ ہوگا جو ہو رہا ہے۔

کہ کچھ نہ کچھ تو ہر لمحہ ہوتے ہی رہتا ہے۔ اور اسی ہونے نے ڈبویا ہے۔ ورنہ اس عالم فانی و بے پانی میں انسان کا ہے کو ہوتا......؟ جو ہوتا تو خدا ہوتا.....! لیکن خدا تو عقل انسانی بنا رو پوش ہو چکا ہے۔!

خیر۔ تو عرش سے فرش پر آ جائیں۔ اور فرش پر آئے تو پھر وہی ہم وہی خارِ مغیلاں۔ وہی سنگ وخشت، وہی کنکر پتھر وہی ٹھوکریں۔

اور بات تھی اسی ٹھوکر کی ۔ جسے کھا کر ہم تو بہت پچھتائے کہ ادھر ٹھوکر لگی ادھر جوئے خوں پیروں سے رواں......!

اب ہم پیر پکڑے (اوروں کے نہیں اپنے خود کے....!) خون کی اس ارزانی پہ ماتم کرتے، اسپتال کو تلاش کرتے کرتے جا پہنچے قریبی ڈسپنسری میں جہاں بڑی رونق اور ہنگامہ تھا۔ یعنی حضور سرکار کی ہر مہم کی طرح آبادی روکو مہم کی بھی نا کامی کا کھلا اشتہار......!

خیال تھا ہمیں اس عالم میں دیکھ کر صف اول میں جگہ دی جائے گی۔ لیکن آج کل ایسے خونی رشتوں کی قدر کہاں۔ سو لگ گئے لائین میں۔ ہمارا نمبر آتے آتے تک خون کی طغیانی تو ختم ہو چکی تھی لیکن زخم کی تازگی بہار جانفزا دکھلا رہی تھی۔ مسیحائے وقت نے اپنی فطرت اور اپنے اصولوں کے مطابق ایک مخصوص فاصلے سے معائنہ کیا اور کمپاؤنڈر کے حوالے کر دیا۔

کمپاؤنڈر نے اس سے زیادہ بے نیازی کا ثبوت دیا۔ کہ وہ رتبے میں نہ سہی عمر میں ڈاکٹر سے کم نہ تھے۔

جب بے نیازی کے مقابلے میں وہ winner مان لئے گئے تو فرمایا۔

''پٹی تو میں باندھ دیتا اگر پٹی ہوتی......''

''ہیں۔ bandage نہیں ہے۔'' ہم بوکھلا گئے۔

''جی نہیں۔'' انھوں نے بڑے اطمینان سے جواب دیا۔ اس سے پہلے کہ ہم اپنی لاعلمی کا اور مظاہرہ کریں انھوں نے اطلاع دی۔

''نہ صرف بینڈیج بلکہ antiseptic lotio بھی نہیں''

''اور ٹٹنس کا انجکشن........؟''

''اجی وہ یہاں کہاں..... ماس اور چیل کے گھونسلے میں۔!

''ارے۔ پھر آخر ہے کیا آپ کے پاس۔؟

''روئی ہے.........!''

کافی ہے تسلی کو میری ....لیکن صرف روئی، ہم نے حسب عادت اپنے دائرۂ عمل واختیار کو وسعت دینی چاہی۔

''ہاں۔ یاد آیا۔ وہ بخار کا مکسچر بھی ہے اور روپیہ کی پچاس والی لال وٹامن اے کی گولیاں بھی.....''

''کیا دوائیں اس سال خریدی نہیں گئیں.......؟

''خریدی کیوں نہیں گئیں۔ کہ بغیر خریداری کے نوکری کا مزہ کیا۔''

اب وہ ہمیں جلا اور سنا کے مزہ لے رہے تھے۔

شاید کسی نے دل جلا دیا ہوگا۔ وہ اب پھپھولے پھوڑ رہے تھے۔

''غور سے سنئے۔ لاکھوں کی خریداری ہوئی ہے لاکھوں کی۔''

''لاکھوں کی..........'' ہم جیسے بقراط بھی حواس باختہ ہو گئے۔

''پھر دوائیں گئی کہاں۔؟

''اجی بھولے حضت۔ آئی ہوں تو کہیں جائیں۔''

لیکن لاکھوں روپئے؟

''وہ تو پورے کے پورے خرچ ہو گئے۔ یقین نہ آئے تو رسیدیں دیکھ لیجئے......''

وہ ٹھوکر پیر کی تھی۔ یہ سیدھے دماغ پہ لگی۔

''اچھا جب دوا نہیں۔ انجکشن نہیں۔ پٹی نہیں تو آپ کاہے کے لئے بیٹھے ہیں۔؟

''دعا کے لئے۔ آپ نے سنا نہیں کہ جب دوا کا وقت ختم ہو جاتا ہے تو دعا کی جاتی ہے۔

تو آیئے صاحبان۔ہم سب مل کے دعا کریں۔نہ صرف بیمار کے حق میں بلکہ ملک کے ایسے تمام اسپتالوں کے حق میں جہاں دوا نہیں۔اگر دوائیں ہیں تو ڈاکٹر نہیں۔ڈاکٹر ہیں تو نرسیں نہیں۔نرسیں ہیں تو وارڈ بوائے نہیں۔صفائی کے لئے مہتر نہیں۔

اور یہ تمام ذی روح موجود ہیں تو بجلی غائب۔پانی غائب اور اگر بجلی پانی بھی ہے تو کھانے کے لئے کھانا نہیں سانس لینے کے لئے ہوا نہیں۔

بس اگر کچھ ہے تو مرض اور مریض۔

☆☆☆

اِن اور آؤٹ

چلنے کے لئے گھر سے نکلنا بنیادی شرط ہے اور گھر سے نکلنے کا حشر ملاحظہ فرمایئے۔

سارا سارا دن آوازِ پا انتظار اور جانِ جاناں کا تصور کئے ہوئے بیٹھے رہیں گے تو بقول کسی کے کوئی آتنک وادی تک نہیں آئے گا۔ لیکن ادھر گھر سے قدم نکالا نہیں کہ شرفا کی یلغار شروع پھر شکایتوں کی گٹھری گٹھریاں کھل جائیں گی ایسی اور اتنی کہ ہمیں شکایت کرو۔ شکایت بھرو، قسم کے دفتر کے قیام کے متعلق سوچنا پڑے گا۔

دبی زبان سے عرض کرتے ہیں......."فون کرلیا کیجئے......"

جواب ملتا ہے۔"اچھا تو آپ کے نام کے آگے، وی، آئی، پی کی تختی لگ گئی کہ بغیر appointment ملاقات نہیں ہوسکتی۔"

دیکھئے نا۔ ہوگئی ہم سے حسب عادت پھر غلطی.......!

ہم دوسرے راستے پہ مڑے۔ یعنی دوسری ترکیبیں سوچنے لگے۔ سچ مچ کے وی۔ آئی۔ پیز کے یہاں جیتے جاگتے دربان چوکیدار سنتری پی اے وغیرہ ان کے ملنے کا وقت اور ہماری اوقات بتانے کے لئے تعینات ہوتے ہیں۔ ان سے نچلی سیڑھی والوں کے دروازوں پہ کہ جو ہر خاص و عام کے لئے بند ہوتے ہیں ہم نے ان اینڈ آؤٹ کی تختی لٹکی دیکھی تھی۔ گویا انسان میسر نہیں تو مشین سے کام چلالیں۔ بالکل ایسے ہی جیسے پولیس زندہ یا مردہ

کسی کے بھی پکڑے جانے پر مطمئن ہو جاتی ہے۔ بلکہ مردہ پہ وہ زیادہ خوش ہوتی ہوگی کہ مردہ کسی قسم کا احتجاج نہیں کرسکتا۔ اور زبانِ خنجر تو ہمیشہ ہی خاموش رہتی آئی ہے۔

تو بات ہو رہی تھی۔ ان اینڈ آؤٹ کی تختی کی۔ گھر سے چلتے وقت آؤٹ، اور واپسی پر۔ ان۔

لیکن ہمارے ساتھ بھول چوک کے اتنے امکانات ہیں کہ کبھی دنوں تختی پہ آؤٹ ہی آؤٹ ہوگا۔ کبھی ان ہی ان۔

بعض ڈاکٹروں کے یہاں بغیر کل پرزوں کی گھڑی مرغِ قبلہ نما کے فرائض انجام دیتی ہیں۔ ہاتھ سے کانٹے اس لمحۂ جانفزا پہ گھما دیئے جاتے ہیں جب ڈاکٹر موصوف و مصروف کی واپسی ہونی ہو۔

اس ترکیب پہ آسانی سے عمل کیا جاسکتا تھا۔ کیونکہ جو رسٹ واچ ہم آج کل استعمال کر رہے ہیں وہ بھی ہاتھ سے ہی چلائی جاتی ہے۔ مشین اس کی کب کی خراب ہو چکی ہے۔ بس ہمارے ہاتھ کی صفائی سے بھرم قائم ہے۔ مگر وہ اتنی چھوٹی اور زنگ آلود ہے کہ نا گھڑی نظر آئے گی نا اس کے کانٹے۔ اسے گھورنے والا البتہ آشوبِ چشم میں مبتلا ہو کر علاج کے پیسے ہم سے وصول کرنے کی کوشش کرے گا۔ جس میں وہ ہماری بدحالی کی بنا پر کامیاب نہ ہوگا۔

رہی کانٹوں کی بات۔ تو مہربان۔ وہ کہاں نہیں۔ ''گل۔ گلشن، گلفام'' گلاب سے لے کر تاج و تخت میں، ظالم کی زبان اور مظلوم کے دل میں۔ پرکیف فضاؤں میں اور خاکِ راہگذر میں۔ لیکن وہ نظر آتے کب ہیں.......!

آپ گھڑیاں گن رہے ہوں گے۔ لہٰذا ہم گھڑی کی طرف ہی واپس آجائیں۔ تو عرض کرنا یہ تھا کہ گھڑی نہ سہی کوئی طریقہ تو ایسا ہو جس سے

ہمارے علاوہ اوروں کو بھی، ہم جہاں ہیں وہاں کی کچھ خبر مل سکے۔

کاغذ قلم ہماری دنیا ہے۔ سوچا اسی کا سہارا لیں۔ ویسے عام طور پر اپنے ہتھیار خود پہ آزمائے نہیں جاتے............ مگر

تو طے پایا کہ کاغذ کے پرزے پہ حال احوال لکھ دروازے پہ لٹکا دیں۔ چلنے لگے تو سمجھ میں نہیں آیا کہ پرزہ لگائیں کہاں۔ وقت کی کمی جانے کی جلدی۔ بھاگم بھاگ کا عالم۔ وہی سارے مناظر جو ہر ایک ہر روز دیکھتا ہے۔ اور جس سے ہر روز گذرتا ہے۔ خیر کاغذ کا پرزہ دراڑ میں اُڑس دیا۔ واپسی پر وہ آہ سحر گاہی یا دشمنانِ ارجن کے تیر کی طرح الٹا لوٹ کر ہمارے اپنے گھر کے اندر پایا گیا۔

کچھ دن پچھلی افراتفری، تجاہل تغافل کی نذر ہو گئے۔ کہ ہر روز اپنے گھر میں تالا پڑنے کی نوبت آتی نہ تھی۔ ویسے اس عرصے میں ہم نے خبر نامے کی تصنیف کے لئے لوز پیپر والی نوٹ بک خرید لی۔ جس کے کاغذ صابن کے اشتہار والی حسینہ کے چہرے کی طرح چکنے اور سفید تھے اور اسی کے انگ انگ کی طرح پھڑ پھڑاتے ہوئے اس نوٹ بک کو خوبصورت نازک ڈاٹ پن کے ساتھ دیوار پہ لٹکا دیا گیا۔

دو تین دن تو معاملہ ''آل کلیر'' allclear رہا۔ پھر جو دیکھا کچھ نہ تھا'' نہ خبر نہ خبر نامہ۔ اور ہمیں شعلۂ پُر پیچ و تاب بن گئے۔

میر تقی میر کے اس شعر کی طرح

پھر جو دیکھا کچھ نہ تھا جز شعلۂ پُر پیچ و تاب
شمع تک تو ہم نے دیکھا تھا کہ پروانہ گیا

ہمارے خانۂ بے تکلف کے سامنے ایک مڈل اسکول ہے۔ جس کی حالت زار زار و بیقرار سے ہم پھر کبھی آپ کی معلومات میں اضافہ کریں

گے۔ یوں سرکاری اسکولوں پر پردہ کون سا پڑا ہے......!!

اس وقت تو صرف یہ عرض کرنا ہے کہ اس اسکول کے بچے ہمارے زینے کو بطور رستوراں لنچ اور بریک فاسٹ کے لئے استعمال کرتے ہیں۔ ویسے تو کاغز قلم سے آج کل کے طالب علموں کو کوئی خاصی دلچسپی نہیں، نا اس کی ضرورت، لیکن ننیوں کے الٹ پھیر میں دیر کتنی لگتی ہے۔!

آخر ایک ستا نسخہ ہاتھ آیا۔ دروازے پہ کیل ٹھونکی گئی۔ اس احتیاط سے کہ ہتھوڑی کی چوٹ سے خستہ و نیم جاں لکڑی چور چور نہ ہو جائے۔ اور اس کیل میں ایک پرانا دعوتی کارڈ گھسا دیا گیا۔ لیجئے۔ ہلدی تک نہ لگی۔ پھٹکری کا کیا ذکر۔!

یہ ترکیب اسی وقت عمل میں لائی گئی جب ہمیں جانا تھا بینک۔ کارڈ پہ لکھا ''بینک جا رہے ہیں۔''

بینک گھر سے دس قدم پہ تھا۔ سوچا اس کا نام بتا دیا جائے تا کہ اگر آنے والے کو ضروری کام ہو تو وہیں آ کر مل لے۔

بینک کا نام بھی لکھ دیا۔

آنے والے کی مزید سہولت کی خاطر، اندازاً وقت بھی ڈال دیا۔

''زیادہ سے زیادہ ۴۵ منٹ لگیں گے۔''

ایک دم سے بجلی کوندی کہ بینک کے کام سے بھی آگاہ کر دیں۔ کہ آج کل بینکوں میں شرفا کا آنا جانا تو کم ہی ہو گیا ہے۔ ڈاکو، لٹیرے اور پہنچے ہوئے انٹر نیشنل اسٹیٹس کے مالک معزز شہریوں کی آماج گاہ اور پلے گراؤنڈ بنے ہوئے ہیں۔ کہیں بینک کے نام سے ہماری شرافت مخدوش نہ ہو جائے کہ جیسے کسی زمانے میں لوگوں کو خاص محلوں میں دیکھے جانے سے ہوتی تھی۔

سو یہ بھی گھسیٹ دیا۔ ''پاس بک لینے......''

اپنی عقل مندی پہ ناز کرتے اٹھلاتے خوش خوش لوٹے تو خوشی کے ساتھ ہوش بھی ہوا ہو گئے۔ اسی کارڈ کی بچی ہوئی جگہ یہ درج تھا۔

''آپ نے ناحق اتنا وقت دیا۔ اس ماچس کی ڈبیا کی تلاش کے لئے دس منٹ کافی تھے۔ فرج کے علاوہ ہر چیز خالی اور بیکار تھی۔ اگر آپ پاس بک لینے نہ گئی ہوتیں اور کچھ رقم کی امید ہوتی تو ۴۶ بلکہ ۴۷ منٹ انتظار کر لیتے۔

اور ہاں تالا ذرا مضبوط لگایا کیجئے۔ اس سے بھی اچھی کمپنی کا۔

تو بتایئے ہم پھر بھی چلتے رہا کریں۔

☆☆☆

گھاس اور شاعری

چلتے چلاتے کچھ ایسے نظر سوز، دلدوز نظاروں سے نظر جا ٹکرائی ہے کہ جی چاہتا ہے یہ ٹہل اور چہل قدمی چھوڑ دیں اور گھر میں پڑے رہیں۔

مگر گھر میں رہیں تو کریں کیا......؟

غالبؔ کے پاس یہ مسئلہ تھا " کہ رہیں دلّی میں پہ کھائیں کیا ہے"

یہاں معاملہ کھانے کا نہیں کہ اوپر نیچے والوں کے کرم سے کھانے پینے کی چیزوں کی کمی نہیں۔

غم کھائیے.....ہوا کھائیے۔ اور کھانے کو تو چغلی اور ڈانٹ بھی کھائی جا سکتی ہے۔ مگر یہ اجتماعی معاملہ ہے یعنی اس کے لئے فریق ثانی کی بھی ضرورت ہے۔

ویسے کاتب تقدیر اور فرشتۂ صحت عامہ اور سول سپلائز اور فرشتۂ خوراک نے ہمارے مینو سے ہر مزیدار چیز خارج کر دی ہے۔ لے دے کے ایک ظالم مونگ کی دال۔ اور سبزیوں کی ملکۂ حسن لوکی، اور فرسٹ، رنر اپ، گلکی اور طاوسی طرے دار طرحدار پالک، تو ان کا کھانا کیا اور نہ کھانا کیا۔

اسی لئے تو ہم " آمرن ان شن " کے بہانے ڈھونڈتے ہیں۔ تو پھر ہمارا مسئلہ یہ ہوگا کہ رہیں گھر میں تو کریں کیا۔

اللہ۔ اللہ.........؟

ہے اب اس معمورے میں قحط غم الفت اسدؔ
ہم نے یہ مانا دلی میں رہیں کھاویں گے کیا ؟

لہٰذا چلنا پھرنا بھی پڑتا ہے..........اور چلئے تو کچھ نہ کچھ دیکھئے۔!

اچھا.......برا.......

ویسے اگر عینک اتار دیں تو نہ نظر ہوگی نہ ''نظارہ، درمیاں'' لیکن اس کے دوسرے منفی پہلو بھی ہیں۔

تو خیر الٹے قدم۔ یا الٹی چال چل کر پھر آ جایئے اصل موضوع پر۔ کہ آج الصبح ۳۰۔۱۲ بجے۔ (جب جاگے تبھی سویرا......! اور ان بادلوں کی وجہ سے جو گرجتے ہیں نہ برستے ہیں۔ مگر عوام) کی تسلی کے لئے چھائے ہر وقت رہتے ہیں۔ بعد میں دوپہریا میں بھی صبح کی نیم تاریکی کا گمان ہوتا ہے۔

تو دیکھا ان دونینوں نے کہ کالج گراؤنڈ میں ایک آنکا بانکا سمارٹ سا نوجوان ٹری کاٹ کی کوکا کولا پینٹ اور کریم بش شرٹ پہنے۔ چمچماتا بوٹ ڈٹائے۔ ہاتھ میں بڑی سی گھڑی باندھے۔ بڑی بے دلی سے شرما شرما کے لجا لجا کے، کمزور ہاتھوں سے یا یوں کہئے کہ انتہائی نزاکت سے گھاس چھیل رہے ہیں۔ کھرپی اتنی نازک گھڑی اتنی بڑی تھی کہ لگتا تھا دونوں میں مقابلہ ہو کے رہے گا۔

حلیۂ انداز، ہاؤ، بھاؤ دیکھ کے ہم شش و پنج میں پڑ گئے کہ یہ حضرت گھاس چھیل رہے ہیں کہ شاعری کر رہے ہیں کہ شاعر جدید کا کلامِ جدید ترین پڑھ کر خیال ہوتا ہے کہ وہ قلم نہیں بلکہ پھاوڑا اچلا رہے ہیں۔

جس میں املا انشا فن عروض معنی مفہوم/ ہر چیز کٹ کٹ کے ٹکڑے ٹکڑے ہو کر گر رہی ہے۔

حلیہ بھی ادیب کا فن جدید کے شایان شان ہوتا ہے۔ کھدر کا میلا (اور ہو سکے تو پھٹا) کرتا یا پاجامہ۔ ٹوٹی چپل۔ ایک عدد جھولا۔ ایک موٹا چشمہ بڑھی بے ترتیب داڑھی۔ اور چہرے پر وہ غصہ اور بیزاری کہ آتنک وادیوں کی طرح دو چار خون کا پلان بنا رہے ہوں۔ سو ان کا قلم تو چلے گا ہی پھاوڑے کی طرح۔ اور یہ جو

مظلوم گھاس کاٹ رہا ہے۔اس نے کسی زمانے میں سن رکھا تھا کہ

''پڑھو گے لکھو گے نہیں تو کیا گھاس کاٹو گے۔؟''

احوال غیر پہ اعتماد کر کے اس نے پڑھ لکھ لیا۔اور نتیجہ۔؟ کھود رہا ہے گھاس حالات زمانہ اور سیاست یگانہ کا کرشمہ۔تو یہ تعلیم یافتہ پڑھی لکھی گھاس ہے۔ اسی انداز سے چھیلی جائے گی۔اور وہ کھرپی درانتی پھاوڑے والا ادب ہے۔

اس کے خالق........؟

اب رہنے بھی دیجئے۔ورنہ یہ قلم بھی تیر تبر خنجر وتلوار کے رنگ ڈھنگ پکڑے گا۔

اوران سب کی کاغذی کامیابی اور عملی ناکامی پہ خود غرض بن کر مسرت کا اظہار کیا کہ ان کی ازلی ابدی بے کسی ہماری وقتی بے بسی کے لئے سہارا بن رہی تھی۔

اور آہ بھرتے ہنستے ہنساتے چلتے رہے۔

☆☆☆

صوفہ نایاب کمیاب

چلتے چلاتے اِدھر اُدھر اندرونِ خانہ، بیرون خانہ نظر پڑ ہی جاتی ہے۔ ہماری نظر بھی پڑوس کے گھر تک پہنچی۔ آج کل کے فیشن کے مطابق پڑوسیوں سے بھی بس ''نظر خبر'' کے تعلقات رہ گئے ہیں۔ یہ بھی غنیمت بلکہ مناسب ہیں......!

ہمارے پڑوسی ویسے بھی اپنے آپ کو اور اپنے گھر کو صیغۂ راز میں رکھتے ہیں۔ اور ان کو پڑوسی نہیں بلکہ، اڑوسی، کہنا چاہئے کہ ہمارا گھر ان کے در کے ٹھیک سامنے ہے۔ چھ فٹ کے کاریڈر کے اس پار۔ ہماری صدا پر دروازہ ذرا سا کھلا شگافِ دیوار سا، اس جھِری میں سے ہمیں ایک چیز نظر آئی بس ایک تیر تھا کہ دل پہ جا لگا۔ اور اس کی حالت اور ہماری کیفیت غالب کے شعر بلکہ مصرعے کی سی ہوگی۔ اور ہم مصری کی طرح گھلنے لگے۔

کوئی میرے دل سے پوچھے ترے تیر نیم کش کو

اب صاحب۔ عمر چاہے سولہ برس ہو یا سترہ برس پہلی نظر کے تیر تو ایسے ہی ہوتے ہیں۔ ''کہ ہائے ہائے۔'' ہم بھی دل تھام کے رہ گئے۔ انھوں نے ہزار وسوسوں میں مبتلا ہو کر کھٹاک سے دروازہ بند کر لیا۔ مگر ہماری آنکھوں میں تو وہ ہی وہ گھوم رہی تھی۔ ناچ رہی تھی.......!

آپ بھی سوچ رہے ہوں گے کہ ایسی کیا چیز ہو سکتی ہے کہ جس پہ ہمارا ''نیم جاں'' دل آ گیا۔ حضور۔ وہ تھا ایک صوفہ سٹ کہ جس ڈیزائین کی ہمیں برسوں سے تلاش تھی۔ سادا۔ مگر آرٹسٹک اور ان سب سے مختلف جو ہر چوتھی دوکان اور ہر

دوسرے مکان میں نظر آتے ہیں۔

اب ہم نے پڑوسیوں کے حالات میں زیادہ دلچسپی لینی شروع کردی جس کے نتیجے میں وہ اور محتاط ہوگئے ۔ ویسے بھی ان کی پچھلی تاریخ اور حالیہ جغرافیہ مشکوک تھا۔ سنا تھا کہ وہ عنقریب خود کو "شہر بدر" کرنے والے ہیں۔ ہم اچھے پڑوسیوں کی طرح ان کے جانے کی دعائیں مانگنے لگے۔ اور ہر روز ان کی خیر خبر رکھتے بھی اور دریافت بھی کرتے۔ لگے ہاتھوں مدعا بھی بیان کردیا۔ وہ تھے پرانے کھلاڑی۔ ہمیں اناڑی جان کر اونچے دام لگائے۔ اب پسند اور دل کی لگی کی کوئی قیمت تو ہوتی نہیں۔ ہم نے بھی حامی بھرلی۔

خدا خدا کرکے وہ رخصت ہوئے۔ اور صوفہ ان کے ڈرائینگ روم سے ہمارے ڈرائینگ روم میں منتقل ہوا۔ اور آناً فاناً دوسرا تیر چلا جو پہلے سے بھی زیادہ زور دار تھا۔ اور ہم نے دلِ ستم زدہ کو تھام تھام لیا۔ فاصلے نے وہ چوٹ دی کہ کیا عرض کریں۔

صوفے کی کیفیت "میک اپ کے بعد اور میک اپ سے پہلے والی تھی۔ خوش رنگ کوشنز سے اس کی عمر طبعی کی پردہ پوشی کی گئی تھی۔ اور چونکہ کوشنز کو صوفے سے جدا کرکے اپنی تحویل میں رکھ لیا لہٰذا اس کا اصل مقام ڈرائینگ روم نہیں بلکہ کباڑ خانہ تھا۔ اور سب جانتے ہیں کہ آج کل کے کبوتر خانوں میں کہ جنھیں M.I.G H.I.G فلیٹس کہا جاتا ہے۔ کباڑ خانے یعنی اسٹور روم، بکس روم نہیں ہوتے۔ نتیجے میں سارا گھر کباڑ خانہ بنا رہتا ہے۔ معاف کیجئے گا۔ بمبئی والوں کے آگے ہم "تنگیٔ جا" کی شکایت کیا کریں۔ وہ تو اسی کے مارے ہیں۔ بس وسعتِ دل کے سہارے جی رہے ہیں۔ یہ تو ہم منجھولے شہر والوں کا نیا نیا المیہ ہے۔

خیر ہم نے بھی اسے بالکونی میں رکھوا دیا اور وہ دروازہ سختی سے بند کردیا جس میں سے بے حد حسین منظر دکھائی دیتا تھا۔ جسے دیکھ دیکھ کے ہم جیتے تھے۔ اور

فلیٹ کے مہنگے داموں کا غم بھولے تھے۔مگر بند دروازوں سے کہیں کچھ رکا ہے۔؟

ٹورسٹ کی طرح ہمارے گھر پہ حملہ کرنے والوں نے بھی تو اس ''منظر بھوپالی'' کی شہرت سن رکھی تھی۔اور وہ تھی بھی ڈرائینگ روم سے لگی بالکونی۔ آنے والے گھر میں قدم رکھتے ہی بالکونی کے اور بالکونی سے شہر کے دیدار کی کوشش کرتے۔واضح ہو کہ یہ فلیٹ حال ہی میں ہمارے قبضے میں بڑی جانفشانیوں کے بعد آیا تھا۔لہٰذا اس کے بڑے چرچے تھے۔

خیر تو آنے والے ہمارے روکنے کے باوجود بالکونی میں جاتے۔تو سب سے پہلے نظر جا کے اٹکتی صوفے پہ۔حیرت سے پوچھتے۔

''اسے آپ نے یہاں کیوں رکھوادیا......؟''

ہم بے بسی سے جواب دیتے،

''بات یہ ہے کہ کوئی مناسب کارپینٹر نہیں مل رہا۔''

غور سے اس کا معائنہ کرنے کے بعد فرماتے۔

''اس کے بنانے کے لئے آپ کو کوئی کارپینٹر ملے گا......؟ کباڑی مل جائے تو غنیمت ہے۔

دوسرا گروہ آتا۔وہ بعد ماتم زخموں پہ مرہم رکھنے کی کوشش میں کہتا۔خیر پیسوں کا غم نہ کیجئے۔آپ تو جان بلکہ عقل کا صدقہ سمجھ کے بھول جائیے۔ہاں اگر پچاس سال آپ اور اسے رکھ سکیں تو یقیناً (Antique) میں شمار کیا جاسکے گا۔تب آپ ''اکبری چنگیزی صوفہ'' کہہ کے دام کھرے اور کھڑے کر لیجئے۔''

کچھ لوگوں نے یوں ہمارا دل جلایا،

''کیا کریں آج کل گھروں میں چولھے بھی نہیں جلائے جاتے۔ورنہ ایک وقت کا کھانا ہی اس سے پک جاتا۔

بعضوں کو ہماری ذہنی حالت پہ شبہہ ہونے لگا تو انھوں نے متفقہ فیصلہ

صادر کر دیا کہ ساٹھ کے بعد یہی ہوتا ہے......!

اب ہمارے سامنے تو ''آن'' کا مسئلہ کھڑا ہو گیا تھا۔ ایسے میں ہمت ہارنی نہیں چاہئے۔ ویسے بھی ''ہمت'' کے علاوہ بچا ہی کیا تھا۔ اسی کو آکسیجن دے دے کے سنبھال کے رکھ رہے تھے اور بڑھئی اور کباڑی دونوں کی تلاش بیک وقت کر رہے تھے کہ جانے کب کوئی معجزہ ہو جائے۔!

اُس عجوبہ فرنیچر کا ذکر اور ہماری ضرورت کی شدت کے چرچے دور دور تک پھیل گئے۔ شائقین کی تو نہیں کباڑیوں کی بھیڑ واقعی لگنے لگی۔ اور اچھا خاصہ گھر جیتے جاگتے کباڑ خانے میں تبدیل ہونے لگا۔ کباڑیوں کو بھگاتے بھگاتے ہم، ہماری بلڈنگ والے اور لفٹ مین سب تنگ آ گئے۔ بیچ بیچ میں جنگ بھی ہو جاتی۔ وہ تو شکر ہے جنگ زبانی تھی۔ کہیں ہاتھا پائی کی نوبت آ جاتی تو ہمارا حلیہ اس صوفے سے بھی بدتر ہو جاتا، تب ہم نے سوچا کہ کارپینٹر کے بجائے وہ کارخانہ تلاش کیا جائے جہاں اس کی مرمت ہو سکے۔

ہر جگہ سے جواب ملا۔

''مرمت تو اب انسانوں کی نہیں ہو پاتی۔ فرنیچر کی کیا ہو گی۔''

اور یہ کہ......

''نیا مال سپلائی کرنے کی فرصت نہیں پرانے پہ کون وقت ضائع کرے......''

لیجئے صدمے پہ صدمہ۔ مگر ڈھونڈنے سے کیا نہیں ملتا۔ آخر مہینوں کی ''شہر نوردی'' کے بعد دوکان مل ہی گئی جس کا ردیف قافیہ ہمارے صوفے سے پوری طرح یعنی سنٹ پرسنٹ ملتا تھا۔ دوکان کیا تھی صوفے کا مصرعہ ثانی۔

عام حالات میں تو ہم اس گندی دھول بھری تنگ گلی میں قدم رکھنا بھی پسند نہ کرتے مگر اس وقت تو ''اتفاقاتِ زمانہ'' کے مارے ہوئے تھے۔ نہ صرف

دوکان کے اندر داخل ہوئے بلکہ دوکان کے ہیئت اور حلئے سے ملتے جلتے مالک کا پورے پچیس منٹ انتظار کیا اور بغیر مریض کی حالت بتائے مریض کو ان کی امان میں دینے کے لئے ٹھیلے پہ لدوا کے بھجوادیا۔

شکر ہے بالکونی تو صاف ہوئی اور عوام وخواص کے تیر ونشتر نجات ملی۔ صوفے کا واپس نہ لانا تو اپنے اختیار کی بات ہے۔اس کے متعلق فیصلہ ''بعد از دیدار مریض'' ہوگا بشرطیکہ وہ صنعت گری اور مسیحائی کے جوہر دکھا کر اُسے اٹھنے بیٹھنے کے قابل بنا سکیں۔

☆☆☆

حضرتِ رمضان

دشمن کی چال اور محبوب کی رفتار تو ہمیشہ سے قیامت خیز رہی ہیں۔ مگر اس وقت ڈھلتی رات اور نکلتے دن کی روحانی سہانی گھڑی کے موقع پر صرف وقت کے چلنے کی بات کریں گے۔خیال رہے کہ فی الحال وقت میں زمانہ شامل نہیں۔ورنہ پھر تو وہ طوفان اٹھے گا کہ ہمارا قلم تنکے کی طرح بہا بہا پھرے گا کہ، مگر کسی ڈوبتے کا سہارا نہ بن پائے گا۔ بلکہ اپنے ساتھ ایک عالم کو ڈبو دے گا کہ ہے وہ بے بہا۔!

ہاں صاحب تو ''وقت'' رفتار انقلاب کے لئے تو فراق گورکھپوری کہہ گئے ہیں۔''دیکھو رفتار انقلاب کتنی آہستہ کتنی تیز۔اسی کو ہم ذرا سی ہیر پھیر کے ساتھ اپنے مطلب کے لئے استعمال کر لیتے ہیں کہ ہیرا پھیری'' اپنی فطرت ہے،ہی ،تو عرض ہے۔

دیکھ رفتار وقت۔کتنی آہستہ کتنی تیز

وقت کسی کے لئے ٹھہرا پانی ہے۔کسی کے لئے بہتا دریا۔رک گیا تو سینے پر دھرے غم کے پہاڑ کی طرح۔اور چلا تو اڑتے بادلوں کی طرح۔رقص کرتی ہواؤں کی طرح۔

ابھی ابھی تو ہم نے عظمتوں برکتوں والی رات شب قدر کا قصیدہ پڑھا تھا۔اور اب تشریف لے آئے مقدس ''رمضان'' یہ نہ پوچھئے کہ ہم روزہ دار ہیں یا روزہ خور یا یہ کہ ہمارا ڈرائینگ روم وہی حجرہ ہے جس

میں شیطان اس ماہ میں قیدی بنا کے رکھا جاتا ہے۔ کہ ہم سخن فہم کے ساتھ غالب کے طرف دار بھی ہیں۔

آج کل کی سیاسی فضا کے مطابق Loyalist جواب ہمارا وہی ہوگا جو ہمارے جدامجد ادبی گروکا تھا۔

روزے اور رمضان کو ہم بھلاتے تو کبھی نہیں۔ اور اب تو مختلف پارٹیوں کی طرف سے دی جانے والی افطار کو تو انھیں زندہ جاوید بنا دیا ہے۔ وجود سے بھی اور ذکر وفکر سے بھی۔ ''افطار پارٹی'' میں ہم آپ کو پھر کبھی لے چلیں گے۔ موقع اور حوصلہ ہوا تو اسی ماہ اسی سال میں۔ اس وقت ہمیں اپنی ہی پٹری پہ چلنے دیجئے۔ یعنی ذکر رمضان عرف حضرت رمضان بھوپال میں۔

اہل بمبئی کو ہم کیا دکھا سکتے ہیں کیا نہیں یہ ایک الگ مسئلہ اور فلسفہ ہے۔ لیکن جب ریت کا ہر زرہ آفتاب کو اپنے اندر اتار کر اسے آئینہ دکھا سکتا ہے تو پھر یہ تو بھوپال ہے۔ اور پھر ''بمبئی'' اور ''بھوپال'' دونوں شروع تو ایک ہی حرف سے ہوتے ہیں۔ ''ب۔B''۔ لہٰذا دونوں میں کچھ زیادہ اجنبیت بھی نہیں۔ اور صاحب ہم نے بمبئی کے رمضان دیکھے کب ہیں۔ ہم ان کی رونق اور تام جھام کیا جانیں۔ کہ سنی سنائی پہ اعتبار ہم کرتے نہیں۔ اعتبار کرنا ہی ہو تو ممالک مقدسہ کے ذکر خیر پہ اعتبار کرلیں گے۔ اس سے آگے بڑھیں گے تو سیدھے داخل جنت۔

خیر اس گھڑی ہمیں رمضان کی شدت سے یاد آئی وقتِ سحر چلنے والے گولوں کی دلکش سریلی آواز سے ہم سحر خیز نہیں بلکہ شب بیدار ہیں رات بھر جاگ کر پو پھٹنے سے پہلے صبح کے سہانے منظر سے

لطف اندوز ہوکر صبح کی چائے جسے بہ زبان خاص بیڈٹی کہا جاتا ہے۔ پی کر بستر سے نکلنے کے بجائے بستر میں گھس جاتے ہیں۔

اس چھوٹے سے شہر میں اتنی مسجدیں ہیں کہ سحری کے وقت کے خاتمے کے اعلان کے لئے جو توپیں چلتی ہیں تو بس ہر طرف سے دھائیں دھائیں اور ہر سمت دھواں ہی دھواں۔ اور تب یاد آجاتا ہے دسمبر ۹۲ کا پہلا دوسرا ہفتہ جس وقت کہ بھوپال کا بھی وہی نقشہ تھا جو بمبئی کا تھا۔ ''وے اس قدر برباد نہیں۔''

دیکھیے پھر نکل آئی نا کوئی قدر مشترک۔ درد مشترک کے واسطے سے رمضان یہاں آتے بڑی دھوم دھام سے ہیں۔ دن میں بازاروں میں پردے والیاں اور ہوٹلوں پر پردے۔ شام کو نیک بیبیاں گھروں میں خوان اور دستر خوان سجانے میں مصروف اور مرد گلیوں بازاروں میں روزہ چلانے میں پاپڑ، ٹکیوں کے ڈھیر، ٹکیوں کے پہاڑ اور پھلوں کی بہار، گویا دلی کا اردو بازار، بمبئی کا بھنڈی بازار اور بھوپال کا ابراہیم بازار یعنی ابراہیم پورہ، پھر دیر رات تک مسجدیں اور ہوٹلیں یکساں آباد۔

لیکن عزت مآب کی یاد ہمیں ہوٹلوں سے اٹھ اٹھ کر پھیلنے والی قورمہ بریانی کی خوشبوؤں سے نہیں آتی تھی بلکہ صدائے ناقوس سے آتی تھی جناب مرزا رفیع سودا اپنے قصیدے میں کہہ ہی چکے ہیں۔

''کہ ہوا جب کفر ثابت..........''

کہ صبح سحری کی توپوں کے ساتھ ہی صدائے ناقوس بھی فضا میں گونجنے لگتی ہے۔

کعبہ میرے پیچھے ہے کلیسا میرے آگے

ہندوستان جنت نشان میں قومی ایکتا کی اس سے بڑھ کر کیا
مثال ہوسکتی ہے کہ "اللہ اکبر" کے ساتھ "جے جگدیش ہرے" کے نعرے
بھی بلند ہونے لگیں ۔ سو وہ ہو رہے ہیں ۔ تو فی الحال روزے کو رخصت
کرتے ہیں ۔ کسی زوردار دھماکے دار، دمدار افطار پارٹی میں ملنے کے
وعدہ کے ساتھ ۔ بشرطیکہ ہم مدعو کئے جائیں ۔

✩✩✩

فارِن ہینڈ

فارن ہینڈ ۔ ہماری آج کی پدری مادر زبان کا سب سے اہم اور مقبول لفظ ۔ بچہ غم غصے اور خوشی سے اماں، اماں کی رٹ لگا تا رہتا ہے ۔ یہی حال ہمارے ''مائی باپ'' کا ہے پتہ کھڑ کا اور نعرہ لگا۔

''فارن ہینڈ''

ملک کے کسی کونے میں کسی کو لگا تار دو چار چھینکیں آئیں ۔ پتلی، لمبی چوڑی، چپٹی ناک کھجلائی ۔ اور لیبل لگ گیا فارن ہینڈ پہ۔ ہمارے اپنے محل دو محلوں کے آگے اٹھتے پھیلتے بکھرتے کچرے کے ٹیلوں اور پہاڑوں پر پلتے بڑھتے مچھروں مکھیوں کی فوجوں سے پھیلنے والے بخار اور ہیضے پر گمان گذرا فارن ہینڈ کا اور بیٹھ گئی انکوائری کمیٹی ہوائی جہاز کا حادثہ ہو یا ریل کی ٹکر ۔ یا میاں بیوی کی تکرار جو تم بیزار ۔ یا عاشق خوش باش اور رقیب نا شاد کے درمیاں ہاتھا پائی ۔ یا بچوں کی لڑائی ۔ سب کو نظر آتا ہے اس میں فارن ہینڈ ۔ اپنے دست مبارک اور دست نازک تو دیسی دستانوں میں چھپ جاتے ہیں ۔ دستِ غیب کی طرح ۔ بلکہ حالات تو کچھ ایسے ہیں کہ دستِ غیب بھی مستقبل قریب میں ''فارن ہینڈ'' کہلانے لگیں گے ۔ شبہ تو ان کے وجود پر امرا شرفا کو ہونے ہی لگا ہے ۔ وہ تو غریب غربا کے وجود سے ان کا بھرم قائم ہے۔

جب فارن ہینڈ ''فلمی مافیا'' کی طرح مشہور و مقبول ہوں اور ان کے ذکر سے ہی یا ان دیکھے سائے سے ہی دنادند شاٹن خطرے کی گھنٹیاں بجتی ہوں تو ہمارے ساتھ دو دو ہاتھ (وہ بھی کٹے ہوئے) دیکھ کر بمبئی کے سحر ہوائی اڈے پہ کیسی کھلبلی نہ

مچی ہوگی ۔اور کسٹم والوں نے اپنے حاکمانہ حقوق کے قیام کی خاطر ہم پہ کیسے کیسے ظلم نہ ڈھائے ہوں گے۔

ان ہاتھوں کا قصہ یہ ہے کہ ارضِ پاک کا ایک فراخ دل مگر سخن فہم ماہنامہ کہ جو اپنی ضخامت کے اعتبار سے کسی سالنامے سے کم نہیں ہوتا۔ ماہ و سال کی تفریقات کو مٹاتے ہوئے ماہ بہ ماہ، سال بہ سال بہترین کہانی کے صلے میں ایک دستِ بریدہ آپ کے دستِ مبارک میں تھما دیتا ہے۔

دو کہانیاں ان کی نذر کر کے جب ہمارے دونوں ہاتھ بھر گئے تو تیسری بھیجنے کا حوصلہ ہی ہم میں نہ رہا۔اب سوال ان دو ہاتھوں کی ملکیت کا تھا۔اُدھر اصرار اِدھر انکار۔کہ خطرناک ہاتھوں میں سر بلند نوکیلے قلموں کا تبادلہ آسان نہ تھا۔کوئی مسافر کوئی سفیر اس کے لئے آمادہ نہ ہوتا تھا۔خیر اک دن ہم ہی پہنچ گئے۔دیارِ غیر اور قبضہ کیا دستِ بریدہ و دستِ مقبوضہ پہ۔جب ایک ہاتھ ہاتھ میں لیا تو اٹھایا نہ گیا۔ ادب کے ہاتھ اتنے مضبوط اور باوزن ہو سکتے ہیں اس سے قبل اندازہ نہ تھا۔

جو تقریب اس سلسلے میں ہوئی وہ تو ہوئی مگر ہم تو داستان سنا رہے ہیں اس تخریب کی جس سے ہم گذرے۔

☆☆☆

خیریت ہی خیریت

شہر الّو نگر کے محلہ گدھا نخاس میں کل شام جب کہ موسم بہت سہانا اور منظر انتہائی پُر کیف تھا، دو فرقوں کے درمیان جن کے نام ہم اپنی دیسی بدیسی پالیسی کی بنا پر لکھ نہیں سکتے جھڑپ ہوگئی۔

ویسے آپ کی سوجھ بوجھ پر ہمیں پورا بھروسہ ہے۔ پھر بھی کوئی دقت ہو تو کل ہم مرنے والوں کے نام شائع کردیں گے۔!

ہاں تو دو فرقوں کے درمیان بڑے خوش گوار اور دوستانہ ماحول میں معمولی سی جھڑپ ہوئی جس میں ہر عمر کے مردوں اور بچوں نے حصہ لیا خواتین پردے کے پیچھے سے ہمت افزائی کرتی رہیں۔

اس کھیل میں بعد کو پولیس بھی شامل ہوگئی۔

مرنے والوں کی تعداد ۱۰۱ اور زخمیوں کی ۵۰۱ ہے۔ اگر یہ اعداد و شمار آپ کو پسند نہ آئیں تو اس میں حسب مرضی کمی بیشی کی جا سکتی ہے کہ ہمارے خبر ناموں میں جمع تفریق، ضرب تقسیم ہر ایک کی گنجائش ہے۔ اس حادثہ میں ایک پولیس والے کی شہادت کی انگلی میں ہلکی سی خراش بھی آگئی ہے۔ سرکاری خبر نامے میں یہ بھی کہا گیا ہے کہ وہ شہادت کی انگلی نہیں بلکہ چھنگلیا ہے اور اس زخمی چھنگلیا سے ایک بوند خون بھی ٹپکا۔

اس کھیل کے دوران آتش بازی کے بھی شاندار مظاہرے

ہوئے تقریباً پانچ ہزار جھگی جھونپڑیاں جلائی گئیں۔لیکن افسوس یہ نظارہ کوئی خاص EXCITING ثابت نہ ہوا۔

کیونکہ آگ جلد ہی بجھ گئی۔جی نہیں فائر بریگیڈ بروقت نہیں پہونچے، بلکہ وہ تو سرے سے آئے ہی نہیں۔وہ شہر میں منتریوں اور افسروں کے باغ بغیچوں کے لئے پانی سپلائی کرنے میں مصروف تھے۔آگ اس لئے فوراً بجھ گئی کہ خس و خاشاک کا جلنا اور جلانا کیا بھلا جھگی جھونپڑی میں ہوتا ہی کیا ہے۔سو تماشہ نہ ہوا۔

ملیڑی کے جوان تعینات کر دیئے گئے ہیں جو ہر گلی کے نکڑ پر بیٹھ کے تاش کھیل رہے ہیں۔کس قدر راہنساوادی ہیں ویسے شوٹ ایٹ سائٹ shoot at sight کے آرڈرس ہیں لیکن جب وہ کسی کو دیکھیں گے ہی نہیں تو ماریں گے کیوں۔

یوں پریشانی اور فکر کی کوئی بات نہیں حالات پوری طرح قابو میں ہیں۔اور سب خیریت ہے۔

مرنے والوں کے بچے کھچے رشتہ داروں کو اکیس اکیس اور زخمیوں کو گیارہ گیارہ روپئے دے دیئے گئے۔

بظاہر یہ رقم کچھ کم ہے یعنی غریبی ریکھا کے نیچے۔لیکن مجبوری ہے کہ حادثوں اور فسادات کی تعداد اس تیزی سے بڑھ رہی ہے کہ معاوضہ دیتے دیتے سرکاری خزانے خالی ہو چکے ہیں۔دوسرے یہ کہ معاوضے کی لالچ میں دانستہ طور پر منظم طریقے سے حادثے اور فسادات کروائے جاتے ہیں۔

تیسرے یہ کہ کفایت شعاری اور سوجھ بوجھ سے یہ رقم خرچ کی جائے تو کافی ہے گیارہ روپئے زخمی کے سفر خرچ کے طور پر دیئے

گئے ہیں جس سے وہ اور اس کے ساتھ منی بس میں لٹک کر کرایا لیے آٹو میں گھس کر جسے عرف عام میں بھٹ سور کہتے ہیں۔ بآسانی سفر کر سکتے ہیں۔

اور اکیس روپے میں نیا نہ سہی سیکنڈ تھرڈ ہینڈ کفن آ ہی جائے گا کہ بزرگ کہہ گئے ہیں کہ کپڑا پھٹے تک استعمال کرنا چاہئے اور جو پیوند لگ جائیں تو ثواب الگ۔

تو عرض یہ ہے کہ ہر طرح سے خیریت ہی خیریت ہے۔

☆☆☆

کُھلا خط (مجتبیٰ حسین کے نام)

مجتبیٰ حسین کے بڑے ادیب ہوتے میں ہمیں ذرا شبہ نہ تھا آخر کو ہمارے ہی خانوادے سے تعلق رکھتے ہیں اور ہمارے ہی "بیوٹی پارلر فار مزاح نگار" میں فائینل لیپا پوتی ہوئی ہے۔ یقین نہ آئے تو فون اٹھایئے اور نمبر لگایئے۔ اول تو نمبر لگے گا نہیں کہ مزاح نگار شاعر سے بھی نمبری ہوتا ہے۔ اگر لگ گیا تو یہ آپ کے سوالوں کے جواب دیں گے ہی نہیں اپنے ہی تیر سے آپ کو ایسے گھائل کریں گے کہ آپ اپنی مختصر یا طول زندگی میں کبھی دوبارہ انھیں فون کرنے کے متعلق سوچیں گے بھی نہیں۔

تو خیر یہ شہرت یافتہ عروشوگھیائی پراپت یعنی بین الاقوامی شہرت یافتہ مزاح نگار ہیں۔ لیکن یہ پلک جھپکتے پٹری بدل کر سیاست داں کی کراسنگ لائن پر کھڑے ہو جائیں گے۔ اپنا گھٹنا پکڑے بلکہ سہارا سنبھالتے اس کی خبر نہ تھی۔ اب دیکھئے وزیراعظم کے گھٹنے کا آپریشن ہوا۔ آپ بھی جھٹ لائین میں لگ گئے۔ کہ شاید اسی طرح وزارت ہاتھ (یا پیر لگ جائے) ارے حضور آپ کیا کیا بدلوائیں گے ابھی تو وزیر موصوف نے صرف گھٹنہ یا گھٹنے (ہم ایک کو دو اور دو کو ایک کرنے میں ماہر ہیں) بدلوائے ہیں۔

ملک پہ کوئی مصیبت آئے گی تو یہ اپنے گردے بدلوالیں گے۔ خون کتنا ان کا اپنا ہے اور کتنا انگے تانگے کا یا جتنا کا اس کی خبر کسی کو نہیں نہ کوئی رکھنا چاہتا ہے۔ رقیق القلب وہ اتنے ہیں کہ لمحہ لمحہ دل اور اس کی دھڑکنیں اپنا انداز اور رفتار بدلتی رہتی

ہیں۔اور دماغ کی بات تو چھوڑ ہی دیجئے۔یہ معاملہ بھی ہو سکتا ہے۔"ہر چند کہیں کہ ہے مگر نہیں ہے"۔

سو آپ یہاں تک ان کے نقشِ قدم تلاش کرتے رہیں گے اور ہر نقشِ قدم ارم دیکھتے رہیں گے۔کہ ہمارے چچا حضرت فرماتے ہی ہیں۔

جہاں تیرا نقشِ قدم دیکھتے ہیں
خیاباں خیاباں ارم دیکھتے ہیں۔

اور حضور کبھی ان کے ہاتھ اتنے لمبے ہو جاتے ہیں کہ "اگنی" وشو ہندو پریشد کے دو گنے تگنے صحت مند پنڈے، پاکستان، بل کلنٹن، جارج بش سب مٹھی میں اور کبھی اتنے چھوٹے کہ ڈاکٹر ہیڈ گر کی تصویر پر پھول ڑھانے میں دقت ہوتی ہے۔اب خدا جانے یہ ہاتھوں کا قصور ہے کہ نیت کا قصور۔

ابھی تو یہ فصلِ ربی خوب تندرست ہیں بلکہ Overweight اور پرائم منسٹر لاج کے وسیع وعریض لان میں گوالیار کے وکٹوریہ کالج کے بچے کھچے ساتھیوں کی خاطر ہائی ٹی کے ساتھ کرتے ہیں۔اور انھیں اپنی وہ کویتائیں سناتے ہیں۔جنھیں ہمارے میر غالب اور "میر وغالب" بشیر بدر تک شاعری کا درجہ دینے کے لئے تیار نہیں۔لیکن کل اگر ان کے دل میں نیکی بدی آجائے اور وہ ڈائیٹنگ شروع کر دیں اور قوم کے غم میں گھل گھل کے سوکھ کے کانٹا ہو جائیں تو آپ کیا کریں گے۔آپ تو ویسے ہی صفِ اول کے مزاح نگار کی طرح سوکھے ساکھے ہیں۔کرنل محمد خاں کے علاوہ میں نے کسی مزاح نگار میں دارا سنگھ کی جھلک نہیں دیکھی اور کرنل محمد خان کا انجام بھی آپ کے سامنے ہے۔

تو جناب چھوڑیئے "کون بنے گا وزیر اعظم" کا لالچ اور سیدھے سبھاؤ سے بنے رہئے ادیب، کالم نگار اور مزاح نگار کہ وفاداری بشرطِ استواری۔

مجتبیٰ جی بلکہ الحاج مجتبیٰ حسین آپ آپ قدرے پریشان تو ہو رہے ہوں

گے (چلئے یہ بھی آپ کی فطرت نہیں) کہ آخر ہم نے شرح آرزو کے لئے زبان غیر کا سہارا کیوں لیا۔ اول تو اردو کا کوئی پرچہ غیر نہیں۔ ہمیں لوگ اس میں لکھتے ہیں اور ہمیں لوگ اسے پڑھتے ہیں۔ پھر ہم نے سوچا کہ جو بات پینتیس چالیس برسوں سے ٹالے جارہے ہیں۔ وہ شاید ندیم شگوفہ وغیرہ وغیرہ کے صدقے اب پوری ہوجائے آپ نے ایک عدد خاکہ لکھنے کا وعدہ کیا تھا۔ وعدہ تو آپ نے جانے کتنے کئے اور کس کس سے کئے۔ ''مگر'' خود بری نہیں۔ سیکڑوں ہزاروں کی بات تو ہم کرتے نہیں دس بیس سو دو سو تو پورے کر ہی دیئے ہوں گے۔ دیکھئے خاکہ تو مشفق خواجہ نے بھی لکھا حالانکہ خاکہ کم لکھا اڑایا زیادہ۔ بہر حال فرض تو ادا کیا۔ بعض دفعہ نفلیں بھی اسی طرح جلدی جلدی ادا کردی جاتی ہیں۔ لیکن آپ ہیں کہ نہ پہلے کبھی ہمارا نوٹس لیا۔ نہ اب لیتے ہیں۔ آپ تو مکتبہ جامعہ کے شاہد علی خاں ہو گئے۔ لیکن ان کی بات چھوڑیئے وہ تو ''دونا ہوا التفات'' والی اسٹیج پر پہنچ گئے ہیں۔ آپ تو ماشاء اللہ ابھی 65 کے جوان ہیں۔

میں یہ عرض کررہی تھی کہ خاکہ تو آپ میرا ضرور لکھیں گے زندگی میں یا مرنے کے بعد۔ لیکن بات یہ ہے کہ جو خاکہ زندگی میں لکھا جاتا ہے اس میں کچھ لٹک جھٹک شگفتگی شامل ہوجاتی ہے۔ ورنہ پھر آغا حشر کی طرح دائیں طرف سے کامیڈی اور بائیں قلم سے ٹریجڈی ایک ساتھ مل کر عجیب بے رنگی پیدا ہوجائے گی۔

☆☆☆

کُھلا خط (وزیراعظم کے نام)

خط لکھیں گے گرچہ مطلب کچھ نہ ہو
ہم تو عاشق ہیں تمہارے ''کام'' کے

حضور پرنور یہ شعر ہمارے ادبی استاد اسد اللہ خاں غالبؔ کا ہے۔ خیال رہے کہ ہم نے انھیں روحانی استاد کا درجہ نہیں دیا کہ ان کے پاس 'روح' تھی روحانیت نہیں۔ یہی حال اس حقیر فقیر کا بھی ہے ہم لوگ ''روحانیت'' سے سخت ایلر جیک ہیں۔

تو حضور پرنور غالبؔ کا نام آپ نے ضرور سنا ہوگا کہ آپ خود مہا کوی ہیں۔ نہ صرف نام سنا ہوگا بلکہ نام بھی پڑھا ہوگا پنڈت دوارکا پرشاد مشر کے ترجمہ کے واسطے سے اب اس ترجمے کے متعلق میں کیا عرض کروں۔ پنڈت جی سے عالم بالا میں خود غالبؔ نپٹ لیں گے۔ ایک ادائے بے نیازی سے مسکرا کر۔ یا پنڈت جی کے کئے ترجمے کا ترجمہ اپنی زبان میں کر کے۔ لیجئے حساب برابر......!

''یارب وہ نہ سمجھیں ہیں نہ سمجھیں گے میری بات'' تو عزت مآب کھلا خط کیوں۔؟

تو خیر ہماری بڑی خوش فہمی ہے جو ہم یہ سمجھے ہوئے ہیں کہ یہ خط آپ کی نظروں سے گذرے گا۔

اب پڑھنے پڑھانے کے لئے آپ کے پاس وقت کہاں ویسے تو ایک پورا عملہ اس کام کے لئے آپ کے پاس ہے لیکن وہ ہم جیسے ایرے غیرے نتھو

اور خیرے کے خط کیوں پڑھے گا۔ اسے تو دنیا کے اہم ممالک مثلاً امریکہ۔ روس۔ چین برطانیہ۔ بنگلہ دیش۔ پاکستان وغیرہ وغیرہ کے سربراہوں اور ملٹی نیشنل انڈسٹریلسٹ اور اسمگلرس کے خطوں کے مطالعے سے ہی فرصت نہیں۔

تو طے ہے کہ آپ کا عملہ بھی اسے نہیں پڑھے گا۔ پھر ہم کیوں قلم گھس رہے ہیں۔؟ حضور ہم نے پہلے ہی عرض کر دیا تھا کہ ''ہم تو عاشق ہیں تمہارے کام کے'' اور جنتا کو democracy میں یہی ایک حق تو حاصل ہے کہ وہ تولہ بھر کی زبان اور رتی بھر کا قلم ہلاتی رہے۔ نتیجے کی پرواہ کئے بغیر۔ کہ نتیجہ تو کسی چیز کا برسوں بعد بھی نکلتا نہیں۔

عزت مآب وہ کام تو ہم نے بتایا ہی نہیں جس نے ہمیں قلم اٹھانے پر مجبور کیا (شکر ہے کہ ہمارے پاس قلم کے علاوہ کوئی ہتھیار نہیں۔!) یہ آپ کی کتنی بڑی مہانتا ہے کہ آپ وزیر اعظم بن جانے کے باوجود اپنے رشتہ داروں کو نہیں بھولے۔ اور ان میں سے کسی کی شادی میں شرکت کرنے خواہ وہ پینتالیس منٹ اور چند سیکنڈ کے لئے ہی سہی گوالیار تشریف لائے آپ جسے ہر ہفتے کسی نہ کسی ملک کا دورہ کرنا پڑتا ہے اس کے لئے شادی میں شرکت کا وقت نکالنا کتنا مشکل کام ہے۔ خاص طور پر جب آپ کے ایک نہیں دونوں گھٹنے جواب دے رہے ہیں۔ بلکہ دے چکے۔

آپ کے وہ رشتہ دار کس قدر فخر محسوس کر رہے ہوں گے کتنے خوش ہوئے ہوں گے کہ آپ جو اتنے مصروف ہیں کہ آپ کے پل پل کا حساب ایک پورا ڈپارٹمنٹ رکھتا ہے اور خود آپ غالباً اپنی بے پناہ مصروفیت کی بنا پر شادی کی جھنجھٹ میں نہیں پڑے۔ آپ نے رشتہ دار کی شادی کے لئے وقت نکال لیا۔ کاش اس میں سے تھوڑا سا وقت برسوں پہلے آپ نے اپنے لئے نکال لیا ہوتا.....! خیر اس مسئلے کو چھوڑیئے۔ تو آپ نے اپنے بیش قیمت وقت کی کتنی زبردست قربانی دی اور دنیا میں

اپنی اخلاقی بلندی کی مثال قائم کردی۔ کہ عظیم شخصیتیں ایسی ہوتی ہیں۔ کہ جو اتنی بلندیوں پر پہنچنے کے بعد بھی اپنوں کو نہیں بھولتیں بلکہ ہمیشہ بھائی بھتیجوں کا خیال رکھتی ہیں۔

حضور پرنور عزت مآب مجھے صرف ایک سوال کی اجازت دیجئے۔ کہ آپ کی اس محبت اس اخلاقی عظمت کی قیمت کس نے ادا کی...؟اور کتنی۔

آپ کی جیب خاص نے.....؟ میری ناقص عقل اور اطلاع کے مطابق بڑے لوگوں کے پاس جیبیں تو ہوتی ہی نہیں ہیں۔ وہ تو پہلے ہی کتر لی جاتی ہیں جیب کترنے کا یہ کانٹریکٹ کس دیسی ودیشی، نیشنل ملٹی نیشنل فرم کو دیا جاتا ہے اس کی خبر اس خاکسار کو تو کیا C.B.I کو بھی نہیں ہوگی۔

پرس بٹوا wallet آپ رکھتے نہیں۔ جیبیں آپ کے پاس ہیں نہیں۔ اب تو صرف ملک کے خزانے اور جنتا کی جھولیاں بچی ہیں۔ خزانے خالی اور جنتا کی جھولیاں پھٹی تارتار۔

تو حضور پرنور ذرا سوچ کر میرے اس سوال کا جواب دیجئے۔ مجھے یقین ہے کہ اس معمولی سے سوال کا جواب آپ نہیں دے پائیں گے۔ کوئی بات نہیں۔ کتنے میرے سوال ہیں جن کا خدا کے پاس بھی جواب نہیں۔ اور پھر یہ ضروری بھی نہیں کہ آپ ہر کس وناکس کے ہر اوٹ پٹانگ سوال کا جواب دیں۔ سوال کرنا ہمارا حق ہے۔ جواب نہ دینا آپ کا۔

خیر اس سوال جواب کو چھوڑیئے۔ ایک مشورہ دینے کی اجازت چاہتی ہوں۔ کہ مشورہ دینے کی بھی ہم بھارتیوں کو عادت ہے۔ مشورہ اس ناچیز کا یہ ہے کہ آپ اور آپ کے مرتبے کے تمام لوگ کہیں جائیں ہی کیوں.....؟ چین سے آرام سے، سکون سے اپنے بنگلوں میں آرام کیا کیجئے۔ جسے غرض ہوگی وہ خود آپ کے درِ دولت پر حاضری دے گا۔ ارے صاحب گستاخی معاف خطاب میں گڑ بڑ ہوگئی۔

جناب عزت مآب بھلا کہیں کنواں بھی پیاسے کے پاس جاتا ہے ۔ پیاسا ہی ہانپتا کانپتا کنوئیں تک آتا ہے ۔ایک اور آپ کے زیر سایہ پرورش پانے والے تمام منتری شنتری افسر نیتا تو وہ کنوئیں ہیں جن کے سپرد جنتا کی پیاس بجھانے کی ذمہ داری سونپی گئی ہے (وہ بھی اگر پیاس جائز اور اس کا بجھانا آپ لوگوں کے بس میں ہے۔۔۔۔۔۔!) تو پیاسی جنتا کو اپنے پاس آنے دیجئے ۔اس سے آپ کا مان سمان بھی بڑھے گا ۔اور جنتا کی سمجھ میں بھی آ جائے گا ۔ کہ ان کی پیاس کتنی حقیر اور آپ کی حیثیت کتنی عظیم ہے ۔

کُھلا خط (ریل منتری کے نام)

چلنا اور چلتے رہنا تو ہمارے لئے آزمائش دارورسن کی طرح ہوتا جارہا ہے۔اب ہم نے ادھرادھر سے عبرت حاصل کر کے پیدل چلنا وقتی طور پر ترک کردیا ہے۔تو یہ کمبخت ریل گاڑی مل گئی۔سولپک کے چڑھ گئے اس میں۔اور ایسے چڑھے کہ اترنے کا نام ہی نہیں لیتے۔

اب ہم نہیں چل رہے ریل چل رہی ہے۔اور جو ریل چلی تو جانے کس کس کی یاد دلاتی چلی گئی۔سرفہرست جو نام ہے وہ ہمارے منتری مہودئے.......خیر نام نہیں لیتے کہ رہے نام اللہ کا۔

اور نام میں رکھا کیا ہے۔ ہر نام معتبر ہے۔ پھر یہ کہ ہم تو بے حد عزت و احترام سے نام لیں۔مگر خط کے پہنچتے پہنچتے اور مضمون کے چھپتے چھپاتے تک وہ نام ایک خانے سے دوسرے خانے میں اور ایک کرسی سے دوسری کرسی تک پہنچ جائے دلی کا وایو چکر تو ایسے ہی چلتا ہے۔

خیر تو منتری مہودئے گستاخی معاف۔ جان کی امان ہو تو عرض کروں۔ لیکن جان کی امان کے لئے حضور پرنور سے گذارش کرنا بالکل ایسا ہی ہے جیسے۔آپ بھی شرمسار ہو مجھ کو بھی شرمسار کر۔

جان کی امان خدا تک تو دے نہیں پارہا۔ جانے کس وقت، کب کہاں سے کوئی بم کا گولا۔ بندوق کی گولی دل کے آر پار ہو جائے کاش گولے گولی چلانے والے تیر چلایا کریں۔وہ بھی نیم کش کہ ذرا دیر تو خلش ہو اور مرنے والا خدا کے ساتھ غالب کو بھی یاد کرلے۔

ویسے مرنے کے لئے غیروں کا احسان اٹھانے کی ضرورت کیا ہے۔ آپ کی یہ ریل بھی تو پٹری سے اتر سکتی ہے۔ آگے والی کے گلے لگ سکتی ہے۔ پیچھے والی کو ٹکر مار سکتی ہے۔!!

تو عرض یہ بھی کہ ہمارے ساکت رہنے پر اور ریل کے چلنے پر کچھ ایسی باتیں دلِ ناصبور کو تڑپا رہی ہیں۔ کہ ہم ریل منتری کو کھلا خط لکھنے پر مجبور ہو گئے۔

ویسے خط ہمیشہ کھلا ہی لکھنا چاہئے کہ کھولنے والے کو یہ خطرہ تو نہیں رہتا کہ اس میں خط کے علاوہ وہ سب کچھ ہوگا۔

پھر کھلا خط وہ ہوتا ہے جس کا جواب نہ فرض نا واجب اس کے لئے نہ نامہ بر کو سلام کہلانے کی ضرورت ہے نہ کسی کو الزام دینے کی۔

رہا خط اور اس میں اٹھائے گئے سوال اور اس کے جواب تو حضور کس سوال کا کس نے جواب دیا ہے۔ پیر و مرشد حضرت میرؔ کو یقین ہے کہ خدا بھی ان کے سوالوں کی بوچھار سے لاجواب ہو جائے گا۔

کتنے مرے سوال ہیں جن کا نہیں جواب

اور خدا کی بات چھوڑیئے۔ وہ تو بس روزِ حشر جواب دے گا۔ اور جواب کیا دے گا وہ تو خود ایک ایک سے سوال کرے گا۔ مگر یہ جو روز روز کے سوال ہیں۔ ان کے جواب کس سے بن پاتے ہیں۔؟ چاہے وہ امتحان ہال کے لڑکے لڑیوں سے کئے جائیں یا لوک سبھا و دھان سبھا میں منتریوں سے۔

طلبا تو عقل نقل کسی نہ کسی سہارے کام چلا لیتے ہیں۔ مگر منتری مہودئے تو ان سے بھی بے بس ہیں۔ ان کے تو ہر سوال کا جواب یہی ہوتا ہے کہ ''معلومات حاصل کی جارہی ہیں۔''

یقین مانئے مہینوں بلکہ برسوں ان سوالات کے سلسلے میں معلومات حاصل کی جاتی ہیں۔ متعلقہ محکمے کا پورے کا پورا عملہ بس معلومات حاصل کرنے میں جٹ جاتا ہے۔ (چلئے اسی بہانے کبھی تو وہ کام کرتا ہے....!) گاڑیاں دوڑائی جاتی

ہیں آدمی بھیجے جاتے ہیں۔ ٹیلی فون کھڑکھڑائے جاتے ہیں۔ لیکن سوال وہیں کا وہیں اور جواب کا دور دور تک پتہ نہیں۔

مگر حزب مخالف ہیں کہ سوال کرنے سے باز نہیں آتے۔ وہ بھی کیا کریں کہ اس کے علاوہ کسی سبھا میں ان کا کوئی کام ہے ہی نہیں۔ اور کچھ تو وہ کر ہی نہیں سکتے۔ سوال بھی نہ کریں تو کیا کریں treasury Beanchs کے ممبروں کی طرح اونگھتے سوتے رہیں....؟ خود جاگنے اور ان کو جگائے رکھنے کے لئے تو یہ سوال بس "جاگتے رہو" کی صدا ہے۔ صدا بہ صحرا کی طرح۔!

دیکھئے ہمارے معزز وزیر ریل سوالوں کی یلغار میں نظر انداز ہو رہے ہیں جو کہ انھیں نہیں ہونا چاہئے۔ کہ آج کٹہرے میں ہمیں انھیں کو کھڑا کرنا ہے۔

تو تشریف لائیے وزیر صاحب۔ نہایت ادب اور شرافت سے عرض ہے کہ ایک مرتبہ آپ بھی عام آدمی کی طرح ریل کے عام ڈبے میں سفر کر لیجئے۔ (یہ مشورہ بہت پہلے مجتبیٰ حسین بھی دے چکے ہیں۔)

ٹکٹ وکٹ کے متعلق کچھ نہیں کہنا کہ یہ پرانا راگ ہے۔ ہر بجٹ سے پہلے ہر منتری الاپتا ہے اور جنتا روتی ہے۔ مجھے تو صرف صفائی ستھرائی کے متعلق عرض کرنا ہے۔ کہ زمانہ میک اپ makeup کا ہے۔ قدم قدم پہ بیوٹی پارلر کھلے ہیں۔ ہر شخص کیا مرد و زن کیا بچہ بچی نکھرا نکھرا چہرہ چمکائے اس میں سے نکلتا ہے اور تھوڑی دیر کے لئے اکڑتا اتراتا گھومتا ہے۔ تو پھر ہماری ریل گھر سے نکلنے سے پہلے اچھی طرح غسل ہی کر لیا کریں تو کتنا اچھا ہو۔ اور کچھ نہیں تو چند گھنٹے تو وہ مہکیں گی۔! اور حضور۔ سنا تھا کہ ریلوے میں کبھی صفائی کے لئے جمع دار ہوا کرتے تھے جو بڑے بڑے جنکشنوں پر ڈبوں میں تشریف لاتے تھے۔ اب تو ان کے دیدار کو آنکھیں ترس گئیں۔؟

کیا سب کے سب افسروں کے در دولت پہ حاضری دینے لگے؟۔ ٹرالی مین، چپراسی اور Cook کی حیثیت سے....؟

ہاں صاحب۔ترقی کے حقدار تو وہ بھی ہیں.....!عام ڈبوں میں سفر کرنے والے عام مسافروں کا کیا۔انھیں کون روز روز ریل میں بیٹھنے کی سعادت نصیب ہوتی ہے۔ان کی ناکیں سڑیں تو کیا اور نہ سڑیں تو کیا.....!ویسے بھی بدبوؤں کے عادی ہوتے ہیں۔ہر شہر تو سلم slum اور کچرا گھر بنا ہوا ہے۔ریل کا ڈبہ بھی سہی۔

مگر حضور صرف اتنا بتا دیجئے کہ وہ ٹنوں فنائل جو ریل کی صفائی کے نام خریدی جاتی ہے یا کبھی خریدی جایا کرتی تھی اس کا کیا ہوا..؟ وہ کس خانے میں رقم ہو گئی..............؟ شاید عطریات ۔سینٹ ، پرفیوم after shave lotion یوڈی کولون وغیرہ وغیرہ نے فنائل کی جگہ لے لی۔کہ وہ بھی تو بدبو دور کرنے کی اشیاء ہیں.....!

اب یہ اور بات ہے کہ بدبو ڈبے میں ہے اور خوشبو بنگلوں میں چھڑکی جا رہی ہے۔!

بات تو ابھی پوری ہوئی نہیں۔لیکن دیر سویر گاڑی میرے اسٹیشن پر پہنچ ہی گئی۔

لہٰذا باقی آئندہ۔

کہ ڈور کبھی ٹوٹنی نہیں چاہئے۔اور تعلق بنا رہنا چاہئے دوستانا رقیبانا.....!

☆☆☆

کُھلا خط (مکھیہ منتری کے نام)

پچھلی بار بھی ہم نے خط لکھا تھا۔اور وہ بھی کھلا۔ یہ بھائی اسد اللہ خاں غالب عادت بگاڑ گئے۔سخن فہمی اور طرف داری سب سے دستبردار ہونا پڑے گا۔ورنہ ''بھراتا شری'' ہمیں کہیں کا نہیں رکھیں گے۔ان سے بچ کر ایک قدم بھی چلنا مشکل ہے۔ جانے کیسی چال چلتا رہا۔وہ زندگی بھر کہ ہر ایک کو ہر جگہ مات۔

مگر یہ وہ خط نہیں جو غالب لکھا کرتے تھے۔کہ وہ تو بس عاشق تھے تمہارے نام کے۔ان کو اس بات سے قطعی دلچسپی نہ تھی کہ اس میں کچھ ہو۔

لیکن ہمارے اس خط میں تو بہت کچھ ہوگا۔کیونکہ یہ خط کسی خیالی تصوراتی محبوب کو نہیں بلکہ آدرنیہ مانیہ مکھیہ منتری کو لکھا جارہا ہے۔اور اس میں حکایتوں شکایتوں کے دفتر ہوں گے۔

اب سوال یہ بھی کیا جاسکتا ہے (اگر اپنے دماغ کو آپ over time کرنے پر مجبور کرنا چاہیں تو.......!) کہ مخاطب کس صوبے کے منتری ہیں آپ کا صوبہ جس کی دھوم سارے جہاں میں ہے یا ہمارا صوبہ جو اور کسی طرح نہ سہی تن و توش یعنی لمبائی چوڑائی کی بنا پر ہی نمبر وَن ہے۔

اے حضور صوبوں کے نام سے کیا فرق پڑتا ہے۔ بساط وہی پیادے وہی ،ڈھائی گھر والے اونٹ وہی ،ٹیڑھی چال والے گھوڑے وہی لہٰذا وزیراعلیٰ کی پگڑی اور ٹوپی کے رنگ روپ اکڑ چمک اور انداز سے بھی کوئی فرق نہیں پڑتا۔ کہ مسائل بھی وہی اور ان کو حل کرنے کا طریقہ بھی وہی۔

خیر تو عرض یہ کرنا تھا کہ اتنا اہم خط اور کھلا.....؟ (کہیں سینے پہ ہی دھرا کا دھرا نہ رہ جائے.......!) اسے تو کئی لفافوں کے اندر تعویذ کی طرح رکھنا چاہئے تھا اور ہر لفافے پر کئی کئی مہریں لگنی چاہیں تھیں۔ چاہے یہ مہریں کتنی ہی آسانی سے کیوں نہ توڑی جاسکتی ہوں۔اور حضور اگر آپ اس مضمون کو سطر بہ سطر پڑھ رہے ہوں تو یاد رکھئے گا کہ اگلی بار ہم آپ کو سرکاری مہر اور سرکاری گوند کے درشن کرائیں گے اس وقت اس میں چپک گئے تو وہ خط جو ابھی شروع بھی نہیں ہوا ہے ادھورا رہ جائے گا۔اور کسی منتری کسی مکھیہ منتری سے یہ توقع فضول ہے کہ وہ لفافے سے خط کا مضمون بھانپ لینے کی صلاحیت رکھتا ہو۔

تو گویا خط کھلا ....یعنی جائے گا تو یہ تو کھلا ہی۔ہم اسے بند کرنے کی جرأت کر ہی نہیں سکتے۔کہ بند ہو گیا تو وہاں تک پہنچے گا نہیں۔جیسے ہم اس در تک نہیں پہنچ پائے۔

دریار پہ تو ایک ہی دربان ہوا کرتا تھا۔اور اب تو وہ بھی نہیں۔سب نائٹ شفٹ کے گورکھوں سے کام چلاتے لیتے ہیں۔ لیکن سرکار مہربان کے دروں اور گھروں پر لاتعداد دربان لگے رہتے ہیں اور عام آدمی کو گدا اور گدھا دونوں سمجھ کے بھگا دیتے

ہیں۔

ہم زندگی بھر عام آدمی کے درجے سے بلند نہیں ہو پائے سو ہمارا بھی ہر جگہ وہی حشر ہوتا ہے جو عام آدمی کا مقدر ہے لیکن بات ہم ان تک پہنچانا چاہتے ہیں کہ ہم فریادی ہیں۔ کاش شہنشاہ جہانگیر کی طرح منتریوں، مکھیہ منتریوں اور پردھان منتریوں کی سرکار میں گھنٹے لگے ہوتے۔ کہ فریادی نے زنجیر کھینچی اور جناب جہانگیر (بہ شکل سہراب مودی و پرتھوی راج) اپنا پیالۂ مئے سے ناب پھینک پھانک چلے آئے فریادی سے ملنے۔ اس تیزی سے کہ ان کے نیم خوابیدہ پہرے دار باادب باملاحظہ کی آوازیں بھی بلند نہ کر پائے۔ ہوشیار خبردار کی بات تو دور رہی ......! تو صاحب۔ یہاں تو اپنا کام خود ہی کرنا ہے۔ فریاد ان کے کانوں تک خود ہی پہنچانی ہے۔ ان کی آنکھوں تک خود ہی گذارنی ہے۔ اچھا فرض کیجئے گھنٹے لگائے بھی جائیں تو کس دھات کے ....! پیتل۔ لوہا۔ تانبا.......؟ ارے نہیں کچھ تو درجے اور مان مریادا کا خیال رکھئے۔ یعنی درجہ بدرجہ۔ منتری کا پیتل کا۔ مکھیہ منتری کا چاندی کا اور پردھا منتری کا سونے کا۔

یہاں بھی بات بنتی نظر نہیں آتی۔ چاندی کی گھنٹی بڑی سریلی ہوتی ہے۔ رومانیت کے سُر لئے اور تو رومان کا دخل یہاں ہونا ہی نہیں چاہئے۔ دوسرے یہ کہ ہماری فریاد کی لے سے وہ پگھل نہ جائے.....!

رہا سونے کا گھنٹہ۔ نہیں حضور منوں سونے کا یوں سرعام لٹکنا کتنا خطرناک ہے۔ مانا کہ سونا اب سرعام کھلے خزانے لایا

جائے گا، مگر بنا خزانے رکھا تو نہیں جا سکتا۔ کہیں خود لانے والوں کی نیت نہ ڈگمگا جائے، کہ انھیں تو سونا اٹھانے کی عادت پڑ چکی ہوگی۔ پھر کسی کو ہیرا پھیری سے بھی آپ روک نہیں سکتے۔

اور جنھیں دن رات سوتے ہی رہنے کی آسائش مہیا ہو۔ بلکہ حقوق مل چکے ہوں۔ ان کے لئے گھنٹے دو گھنٹے کا سونا چہ معنی دارد.....! (آف دی ریکارڈ.....!)۔

دیکھئے ادھر ادھر کی باتوں میں ہمارا خط پرزے پرزے ہو کر اڑا جا رہا ہے تو آیئے پاکستانی کرکٹر وسیم اکرم کی طرح ہم بھی ایک ہوائی کیچ لے کر اسے مٹھی میں بند کر لیتے ہیں۔

ہاں تو خط..........!

اس میں لکھا کیا جائے گا۔؟

صوبے میں قحط رشوت، بے ایمانی، چوری، ڈکیتی، پولیس کے مظالم افسران کی لاپرواہیاں۔ بدعنوانیاں.....ان کی تو انھیں رتی رتی خبر ہے۔

ہم تو صرف ایک عرضی دینا چاہتے ہیں۔ ایک پڑھے لکھے اندھے بے روزگار کی کلاس فور کی پکی نوکری کے لئے۔

کہ یہ عرضی ہم تمام ڈپارٹمنٹ میں لے کے گھوم چکے ہیں۔ بشمولیت چیف سکریٹری کے۔

تو اب ہم موت سے پہلے (اندھوں اور اپاہجوں کے تحفظ کے لئے بنائے گئے تمام قانونوں کی، بھوک اور غربت کے مارے ہوئے اس اندھے بے روزگار کی...اور مارے غیرت کے خود اپنی.....!) ایک کوشش اور کرنا چاہتے ہیں۔

کہ وزیر عالی اس کھلی عرضی پہ ایک نظر ڈال لیں۔ ویسے ایک راز کی بات ہم آپ کو بتا دیں کہ اگر وزیر موصوف کی نظر اس پر پڑ بھی گئی۔ تو ہم جانتے ہیں جو وہ کہیں گے جواب میں.......!

''دیوی جی۔ آپ چاہے کچھ مانگ لیجئے۔ بس نہ مانگئے تو ایک نوکری۔ کہ وہ ہمارے بھی اختیار میں نہیں۔ باقی تمام چیزیں تو وعدوں پر ٹرخائی جا سکتی ہیں۔ لیکن نوکری وہ بھی پکی۔

تو خود ہماری نوکری کون سی پکی ہے......!!

☆☆☆

آئینے میں اب اپنا چہرہ بھی
اجنبی سا دکھائی دیتا ہے

شفیقہ فرحت، دانشوروں کی نظر میں

....''سنا ہوا نام ہے بلکہ ہم نے پڑھا بھی ہے، خوب لکھتی ہیں۔

قرۃ العین حیدر

''ہمیں یاد ہے آپ نے لندن کی ایک ادبی تقریب میں اپنا مضمون ''آلو'' پڑھا تھا، جو بہت پسند آیا تھا۔

مشتاق احمد یوسفی

شفیقہ فرحت کے موضوعات بہت انوکھے اور اچھوتے ہوتے ہیں ان کی فکر اور ذہن کی بے باکی، اسلوب کا تیکھا پن طنزیہ اور مزاحیہ ادب میں ان کی شناخت کو نمایاں کرتا ہے۔

اختر سعید خاں

''میں نے فون پر آپ سے کہا تھا کہ طنز و مزاح نگاری خواتین کو زیب نہیں دیتی مگر اب آپ کی کتاب پڑھ کر اپنے الفاظ واپس لیتی ہوں اور یہ محسوس کرتی ہوں کہ ابھی آپ کو وہ مقام نہیں ملا جس کی آپ بجا طور پر مستحق ہیں۔

ہاجرہ مسرور

''شفیقہ فرحت طنز و مزاح کی دنیا کا ایک جانا پہچانا اور اہم نام ہے۔

وجاہت علی سندیلوی

اردو کی واحد خاتون ہیں جنھوں نے طنز و مزاح کو بطور صنف سخن اپنایا اور اس کے ساتھ پورا پورا انصاف کیا برسوں سے لکھ رہی ہیں انھیں سب جانتے پہچانتے ہیں ان کے بارے میں میری رائے کیا اہمیت رکھتی ہے۔

مجتبیٰ حسین

طنز کی تلوار سے ''آلو'' کے ساتھ ساتھ ساتھ تان کی ایسی پرتیں اڑاتی ہیں کہ داد نہیں دی جا سکتی۔

اقبال مجید

اختصار اور وقار کے ساتھ اپنی بات کہنے کا انداز ہم نے شفیقہ آپا سے سیکھا ہے۔

زبیر رضوی

ہم نے آپ کی کئی چیزوں کا ہندی میں انوواد کر کے چھاپا ہے ہمارے ہاں آپ جیسا ذہن کم ملتا ہے۔

ہری شنکر پرسائی